南方ブックレット6

西郷に抗った鹿児島士族

薩摩川内平佐の民権論者、田中直哉

尾曲　巧（鹿児島純心女子大学教授）著

南方新社

鹿児島純心女子大学学生、卒業生、薩摩川内市民に捧げる。

西郷に抗った鹿児島士族　——薩摩川内平佐の民権論者、田中直哉——　目次

はじめに

鹿児島純心女子大学の背後に壁のように連なる山、寺山がある。薩摩川内市の市街地の外れの高台にある大学は、寺山を借景とし、その一体となったたたずまいは学生と市民の目に日々心地よい。現在、寺山の頂上部分には宇宙館や少年自然の家などが設置され、若者の教育向上のために利用されている。

寺山は、もともと島津家の支族北郷家の所領で明治維新に地元集落民に付与されたが、西南戦争後の地租改正で官有地化の危機に陥った。この戦争で一家の大黒柱が私学校党側につき戦死または逮捕収監された家族の生活の足しになればと、奔走し民有化を実現した人物がいた。西郷隆盛を尊敬しながらも、国と民を思う考えが異なり、西南戦争を阻止しようと西郷に抗った田中直哉である。

地元平佐にそのような田中直哉なる人物がいたこと、田中直哉その人の生き様はどこまでも水晶のように透明なものであったこと、最後は絶望のうちに川内川に身を投じ、そのあまりに短すぎる三二年の人生を自ら閉じてしまったことを、寺山を見あげて思いだす住民は、今はきわめて稀である。

田中直哉は、嘉永六（一八五三）年六月二一日、現在の薩摩川内市の平佐村で、郷士の末弘直温の次男として生まれた。長男に末弘直方、三男に龍岡信熊がいる。七歳で、平佐領主であり薩摩藩の筆頭家老をしていた北郷久信の命により、島津藩校造士館に城下の北郷邸から通うことを許される。平佐の郷士であり庄屋でもあった田中家の養子となり、後に、当家の娘志女（シメ）と結婚し、西南戦争の最中一子、彦をもうける。

田中家より出資してもらい上京し、江川太郎左衛門塾で西洋砲術を学ぶ。明治四（一八七一）年頃には、西郷隆盛率いる御親兵のなかにいたが、城下士による郷士の差別がもとで他の郷士らとともに御親兵を辞め、同年九月から一一月まで慶応義塾で文典（洋学）を学んだ後に、警視庁で巡査、警部補を二年近くつとめて、明治八年一〇月から過激な政府攻撃を展開する『評論新聞』の記者となり、鹿児島の私学校党の暴発の気配に警鐘を鳴らし、政府の言論弾圧政策を激しく非難し、筆禍にあい、讒謗律《ざんぼうりつ》違反で禁固一カ月・罰金二〇円の判決を受け、明治九年三月一二日から四月一〇日まで収監された。

その後帰郷すると鹿児島は私学校党が跋扈し緊迫した情勢にあった。そこで川内地方の八カ郷の合併を行い、地方議会である代民区会を開き、教育施設を設けてそれによって青年たちを教育し、私学校党の暴勢を抑えようと地元の第二九大区長や戸長、県令の大山綱良と交渉したが受け入れられる余地はなかった。

『平佐の歴史』（宮内吉志編著、寺山維持会、昭和六二年）によると、西郷隆盛に直接会い一日も早い合併を嘆願したが、西郷は「オハンも私学校に来て青少年を指導してくれんか。桐野、村田にも相談して相当の地位を用意するから是非とも私学校に来てもらいたい」と懇願され、合併問題を約束してくれるなら協力してもいいと応えたところ、西郷は黙って微笑するばかりだったという。

そこで、「是より宗教の道にて人々の智識を開き権利義務の在る所を知らしめ度と思込み」、また宗教政策においても全国並みにしたいと思い立ち、鹿児島では三〇〇年にわたって禁止されていた浄土真宗の布教を主張し、上京して大久保利通に談判し、その足で京都の西本願寺に働きかけた。宮崎と鹿児島が合併する機会が幸いし、大久保利通や西郷隆盛の同意も得られ、明治九年九月、ついに鹿児島でも浄土真宗は解禁となった。

再び上京すると、「私郷の儀も既に私学校へ入校せんとする模様」を知って、「傍観致すべき時機無之」として鹿児島に帰った。それは「県地に下り彼等の説を聞き我見込みを伸べ可成事暴発に不出様相防度考へ」、私学校党の暴発を阻止しようという帰郷であった。それは、実兄の末弘直方、中原尚雄らを含む警察官一六人と柏田盛文、大山綱介ら学生四人の二一人によって構成された密偵団の一人として、東京警視庁大警視川路利良から私学校党内の城下士と郷士の離間を策した内命を受けたものでもあった。

大久保利通と川路利良の放った密偵と見なされた田中直哉は、士族に根強く憎悪をもたれた浄土真宗の解禁運動で知られていたこともあって、他の密偵団とともに私学校党に捕縛され、拷問を受けた。川路利良の内命には西郷隆盛の暗殺があったのではないかといわれ、その真相はいまだに究明されていないが、捕縛中に西郷暗殺を自供したとする密偵団の口供書が作成され、それを名分として西郷隆盛が挙兵したことはよく知られている。

政府軍に命からがら解放された田中直哉は、東京に送還され、西郷暗殺計画に関する裁判にかけられたあと、明治一〇年一二月に無罪放免となった。翌年三月に警視庁に復帰し、明治一一年六月から明治一二年七月まで琉球藩の警部試補（現県警部長）として任官したあと警察官としての経歴を終えた。

平佐にもどった田中直哉は再び民権運動を始め、明治一三年八月に「一百余郷を連衡せんとし」て諸郷連合を結成し、翌年三月には第二回議会選挙で薩摩郡から柏田盛文とともに初当選し、以後四期県議を務めた。その間、地元住民の福祉に寄与する一方で「自治精神の発起と天賦の権利の保全を主義とし、すべては総会・幹次官の決によって運営するという」社員三〇〇〇人からなる自治社結成に関わり、翌年四月には「九州改進党鹿児島支部」を結成、本部議員として活躍する。

しかし、鹿児島では、私学校党残党による「三州社」と、警視総監樺山資紀を本部長とする在京の「郷友会」の鹿児島進出により三つ巴の政治抗争が展開された。議会設立や自由・権利・義務の周知に命がけで精力を注いだ田中直哉にとって、現実政治は幻滅のほうへと向かっていった。明治一八年五月、「九州改進党」はついに解党に追い込まれ、政治基盤も政治への希望も失われた。翌月六月五日、田中直哉は川内川に身を投じ、入水自殺を遂げる。

福沢諭吉らによって日本に紹介され、明治六年政変後、板垣退助らによって提出された「民撰議院設立建白書」に始まり、西南戦争を経て、武力ではなく言論による政治をと全国的な勢いをつけた自由民権運動であったが、現実政治は大久保利通が確立した民衆を無視した官僚専制政治、西郷隆盛がもくろんだ軍事政権体制が踏襲され、両々相俟ってのアジアへの対外膨脹論へと向かっていった。大正期に一時期復活したものの、治安維持法によって潰えてしまい、太平洋戦争の敗戦により民主主義国家を迎えるまで、昔年の自由民権運動が再び活発化することはなかった。

その意味で、田中直哉の絶望と死は、戦前の日本の近代化の過程での自由民権運動の敗退を象徴するものと言える。さらに、西郷隆盛によって象徴される、島津武士団による封建支配が形成した頑迷な鹿児島の風習の前にも果敢な抵抗の末に倒れたのであった。
田中直哉の弁説明快な布教要請に惚れた西本願寺の高僧大洲鉄然は、鹿児島で浄土真宗が解禁となるや鹿児島入りし、体格もりっぱであった田中直哉を同行させたこともあったという。田中直哉の没後、大洲鉄然は七言絶句を詠じた（寺号公称百周年記念誌編集委員会編『真光寺誌』龍音山真光寺、平成一八年）。

建議堂堂動県台　遂令吾教自由開
其人逝矣其名住　走卒児童誦直哉

（建議堂々県台を動かす　遂に令吾が教え自由に開く　其の人逝く其の名住む　走卒児童直哉を誦ず）意見を堂々と述べ県政を動かし、遂に解禁の令が下され真宗の教えが自由に広まった。その人は死んでしまったがその名前は残った。無邪気な子どもたちが直哉の歌をうたっている。

この大洲鉄然自筆の絶句は、現在、薩摩川内市白和町の真光寺に所蔵されている。真光寺は、田中直哉が地元の平佐村に先ずは浄土真宗の説教所を設けたいと大山県令に直接掛け合ったゆかりの寺である。

田中直哉が没して一二〇年余り経ち、この童謡をうたえる者はもはやいないし、田中直哉の名前も郷土史に残るばかりで語られることもない。しかし、彼が命をかけた自由と権利と義務を語ることは、今、ごく当たり前になり、彼が奔走した浄土真宗の解禁は鹿児島をして日本一の真宗王国にした。

彼が西郷隆盛に直談判した平佐郷近隣の合併もその後段階的に実現され、平成一六年に合併規模はさらに拡大された。民有化された寺山の土地も地元代表者によって構成される「平佐共有社」に引き継がれ守られている。彼の名前は忘れられたが、彼の大志はしっかり後世に受け継がれている。

田中直哉の先行研究は、郷土史誌にあるのみで、その主なものに『平佐の歴史』と『鹿児島県川内郷土史』がある。しかし、二〇一〇年に慶応義塾大学の小川原正道氏の『近代日本の戦争と宗教』が刊行され、浄土真宗解禁との関連で田中直哉が大きく取り上げられて、著者も多くの着想を得た。

本稿では、先ず、律令時代における中央政府の薩摩、大隅への移民政策、鹿児島独特の風習を形成するにいたった封建時代の島津武士団による薩摩の支配を取り上げ、次に、その支配の一環となった浄土真宗の禁止について取り扱う。

前者は、自由民権論者であった田中直哉が旧弊として果敢に挑んだものであり、後者は、田中が解禁の先がけとなって活動し、今の鹿児島が真宗王国になるに至ったものである。

次に、西郷隆盛が、戊辰戦争後に鹿児島において軍事政権化を推し進め、下級士族を中心とする士族支配体制を復活し、大久保利通が掌握する中央政権を打倒した後、鹿児島の士族支配体制を全国的に広めようとする企てがあったことを述べる。

これらが相俟って田中直哉は、西南戦争前夜に私学校党に同志とともに捕縛拷問され、彼らの口供を名分として西郷隆盛を担いだ私学校党は西南戦争へと暴発する。

最後に、西南戦争後の自由民権論者としての、また鹿児島県議会議員としての田中直哉の活動を述べる。

なお、引用文は原文がかたかなであったものはひらがなに変更した。

本論に入る前に、本稿の執筆にあたって、薩摩川内市の西牟田英作氏をはじめとする郷土史家の皆さん、薩摩川内市歴史資料館の職員の皆さん、姶良市歴史民俗資料館長尾口義男氏、田中直哉の令孫・故田中義久氏、令曾孫・藤原春美氏とご主人の民雄氏、田中直哉の同志だった柏田盛文の令孫・故柏田耕治氏のご協力に、心より感謝と御礼を申し上げる。

一、薩摩の武家支配

西南戦争が勃発した時期に日本に駐在していた英国公使館員A・H・マウンジーは、翌々年の明治十二年ロンドンにおいて『薩摩反乱記』を刊行している。西南戦争に関する著書としては最も早い時期の刊行物であろう。その中で薩摩藩の士風に言及している。

薩摩の武士は、その武勇をもって諸藩に名あり、殊に独立の精神あると人の管制を受けざるとをもって称せらる。これ一は、政府所在の地に隔離せるにより大いにその気風を養成し事疑いなく、ここをもって、侯族および人民に至るまで、みずからもって他国の人に優りとなし、他国との交通は、厳密に国の四境を警衛してこれを譏察《きさつ》せり。故にこの国は、他国に比すれば《一政府の下にありて別に一政府を立つるもの（imperium in imperio）にして》、士（地の）人の古諺に「国人はみずから、第一に薩摩人、第二に日本人なりと思えり」というは、全くその実を失わずして、輓近《ちかごろ》反乱の日に至るまで、またなお、かくのごとくなりし。

（A・H・マウンジー『薩摩反乱記』平凡社、一九七九年）

マウンジーが指摘するように、薩摩の武士は常に中央政府から遠隔の地にあって、集団としての武士は、歴史的、政治的、社会的に独立の精神を確かに有し、「第一に薩摩人、第二に日本人なり」としての自覚に固執してきた。

一方、明治後半に日本に住んだアメリカ人宣教師のH・B・シュワルツは、その著書のなかで鹿児島人の〝悪い点〟の一つとして、西郷隆盛や大久保利通などの例外は認めつつも、個性や独創性の乏しさを繰り返し指摘し、その原因を藩政時代の教育があまりにも服従の美徳を強制してきたことにあるとしながら、藩政時代の様子を次のように書いている。

薩摩藩主は城下町に一万人もの武士と、その家族を住まわせて養っていたが、そのほかにもさらに多数の農耕武士を雇っていた。彼らは土地を与えられて自分たちの生活のために、そこで農耕しなければならなかった。このような農耕武士は他藩の中流の農民と大差はなかったが、違うところといえば、彼らが刀を差し、武芸の稽古をし、和漢の初歩的な勉学をしたことである。武士たちは城の外側の丘の上に居を構え、文字通り一般庶民を見下ろすような形で住んでいた。彼らはこれら庶民の土地や家をいち早く没収したが、これは他藩では例を見ぬほど徹底したものであった。また庶民階級は教育の機会を与えられず、あらゆる種類の節約令を強いられた。例えば、夏の着替えは何日からと細かく規定されていた。しかし、庶民は物を売り買いできる立場を利用し、次第に財力を蓄え、特権を与えられるほど強大になった者もあった。しかし、昔の薩摩では庶民の置かれた立場は救い難いほどひどいものであった。彼らには蓄えも教育もなく、何の権利もない。日本広しといえども、薩摩におけるほど強力な支配階級と、哀れな一般庶民との差がはなはだしい地方はなかったのである。

（H・B・シュワルツ著、島津久大・長岡祥三訳、『薩摩国滞在記　宣教師の見た明治の日本』新人物往来社、一九八四年）

支配階級である薩摩の武士団はなぜ他藩には例が見られないほどの過酷さで庶民階級を弾圧してきたのであろうか。そこには他藩にはない要因があると思われる。

八世紀の初め、律令制度がしかれ、国家の統治体制が進められていくなかで、現在の鹿児島に薩摩国と大隅国が生まれた。それらの住民は薩摩隼人、大隅隼人と呼ばれ、中央集権政府からは、東北の住民が蝦夷とよばれたように、野蛮な異民族とみなされていた。その異民族を教化支配するために、他国から大規模な移民政策がとられた。隼人にすれば「よそもん（余所者）」の侵入である。

まず、薩摩国の国府は高城《たかき》郡（現、川内市と周辺部一帯）に設置されたが、同郡の合志《かわし》・飽《あき》多《た》・宇土《うと》・託万《たくま》の四郷は、肥後国の合志・飽田・宇土・託麻の四郡からの移住民で構成されたとみてよいであろう。郡名と郷名の類似がそれを示している。その戸数は二百戸（一郷は五十戸で形成されるのが令の規定）、四千～五千人の人口と推定される。

いっぽう大隅国の国府は桑原郡（現、国分市と周辺部一帯）に設置されたが、同郡に移住したとみられる人びとについて、『続日本紀』の和銅七年（七一四年）三月の条はつぎのように記している。

隼人、昏荒《こんこう》野心にして、憲法に習わず。因《よ》りて豊前《ぶぜん》国の民二百戸を移して、相勧《すす》め導かしむ。

大意は、隼人は道理に暗く野蛮な心をもち、国家の法規に従わないので、豊前国（大分、福岡両県にまたがる地域）から二百戸（四郷分）を移住させて勧導させる、というのである。それに対応するように、大隅国桑原郡には、大分・仲津川（仲川）・豊国などの郷名が見られるが、これらは豊後《ぶんご》国大分郡、豊前国仲津郡、そして両国に通じる意の豊国《とよこく》にちなむ名称である。……移住民は両国合わせて九千人前後かと推定しているが、当時の両国の総人口から推計すると、七分の一に近い人数とみられる。このように多数をしめた移住民、「よそもん」が隼人の上位に立ち、政治・経済面ばかりでなく、文化面でも指導的役割を担ったことは十分に推察できる。

（中村明蔵『薩摩　民衆支配の構造―現代民衆意識の基層を探る―』南方新社、二〇〇〇年）

その後も、鎌倉時代には関東から島津軍団が、遅れて渋谷氏が（小島摩文編『新薩摩学　中世薩摩の雄　渋谷氏』南方新社、二〇一一年）、新たな「よそもん」として移住して来て、薩摩・大隅両国で支配階級に立つことになる。

これらの歴史的事実から、「隼人」という呼称は、奈良時代以前に南九州に住み、その後の被支配者階級に当てはまるものであり、奈良時代以後の移住民である「よそもん」である支配階級には適さないことになる。

さらに、「よそもん」が政治・経済・文化面全般で指導的役割を担ったからこそ、他所には見られないような過酷な弾圧政策におよんだともいえよう。それを証左する歴史的事実として、海外では、白人によるアメリカでのインディアン・インディオに対する、オーストラリアでのアボリジニに対する弾圧などがあり、江戸時代の薩摩の島津武士という侵入者による過酷極まりない圧政は奄美島民支配にも見られた。

他藩にはみられない「よそもの」支配の政策として島津氏が近世以後に採用した具体的手法が、外城制度と浄土真宗の禁止であり、これらが複雑に相俟って三〇〇年近くにわたり島津氏支配は堅固に維持されたといえる。

薩摩藩は俗に七七万石、金沢一〇二万石につぐ全国第二の大藩だったといわれる。しかし、実際は、三七万石ほどで、地勢のきびしさもあり農業的には貧弱であった。そんな貧弱さにありながら士族の数はとほうもなく多かった。

薩摩藩は「石を投げたら、侍に当たる」ほど、武士が多すぎた。文政九年（一八二六）の藩の人口は、六十一万余人とあるが、うち四割が武士だ。この比率は明治六年の全国士族調査のときも同じである。

（南日本新聞社編『鹿児島百年（上）幕末編』謙光社、昭和四三年）

江戸時代の諸藩では、武士の全人口に占める割合は五～六パーセントであったが、明治四年の『鹿児島県禄高調』によると薩摩藩では二六パーセントにものぼり、比率からみると全国比の五倍ほどであり、四人に一人が武士だったことになる。単純に計算すれば、農漁民に寄生する武士を他藩では一九人の農漁民が一人の武士を担うが、薩摩藩では三人の農漁民が負うことになる。

薩摩藩はなぜこのように桁違いの大量の武士を抱えていたのであろうか。芳即正氏によると、寛永一〇（一六三三）年、藩内各地に武士が分散居住している状態に幕府の巡検使が疑問をとなえたが、薩摩藩では、一五八七年の豊臣秀吉による島津征討で六カ国を召し上げられ、残された二カ国に武士を引き入れ、城下だけでは場所が足りないので各地に分散居住させていると答えると幕府巡検使はその説明に納得したという。芳即正はさらに、「果たしてそれだけの理由だろうか」と二つの理由をあげている。

一つは、関ヶ原の戦いで島津氏は豊臣側について敗北し、豊臣氏は徳川氏に大坂の陣で滅ぼされた。島津氏は徳川氏の前途に不安をもち、備えとして武士を温存し外城制度を温存したというものである。もう一つは、戦国時代に全国各地で一向一揆が起こり戦国武将を恐れさせていたため、特に一揆対策のための農民統治対策として外城制度を残したというものである（芳即正「外城から郷へ」『薩摩七十七万石』黎明館、一九九一年）。

実際に、幕末から明治維新にかけて全国で多くの一揆が起こるなか、薩摩藩内で起きたのは安政五（一八五八）年、加世田郷での下級武士が農民を捲き込んだ一揆が一度のみで、それも川辺郷の武士との連携により三日目には鎮圧されている。

薩摩武士のうち、鹿児島城下に居住した者は一割強で、残りの九割弱の武士は藩内一一三カ所の外城に配置された。その数の多さは、一一三カ郷のうちに一一カ郷で民衆を超えるほどであった。さらに、藩士のうち一割の城下士が全知行高の約七〇パーセントを占め、外城に居住する九割の郷士が残りの三〇パーセントを多数で分かちあっていた。

武士の家禄の平均は、時代によって異なるが、四石といわれている。郷士の中では百石以上の武士は少なく、比較的多かったと言われる島津一門の加治木島津氏の所領でも天和二（一六八二）年で一〇戸にすぎず、時代が下るにつれ石高は減らされていった（松田誠『加治木古今雑撰の世界―近世加治木の総合地誌の紹介―』平成二三年）。

そのため、ほとんどの郷士が農民と大差のない生活をしていた。原口虎雄氏によると加世田郷の郷士の様子は次のようである。

試みに加世田郷士族の明治五年二月の階級分析をすれば、麓居住士族が二八四戸、うち一四二戸が四石以上の高持である。これに対し、一三カ村在郷の士族は六二〇戸、うち四五戸が四石以上の高持である。四石を標準にしたのは、自作地四石は籾高であるから、約二石の現米収入と計算してのことで、唐芋（薩摩芋）さえ常食としておればやっと最低生活ができたからである。だから麓居住の上級郷士は、かれらを軽蔑して〝唐芋郷士〟とよんでいた。

（原口虎雄『鹿児島県の歴史』山川出版社、昭和四八年）

唐芋が鹿児島に入ってくるのは一八世紀初頭のことであるから、それ以前の下級武士や農民の食生活はどれほど悲惨をきわめたものであったろう。

農漁民ほどではないにしろ、下級郷士の実態も悲惨なもので、禄のない者が大半であった。屋敷だけが当てがわれている「一ヶ所士」というのは、まだましなほうで、二、三男以下になるとたいてい無禄、無屋敷で、武士という肩書だけであった。そのため、自然、他藩なら農民、漁民、町人が生業とする職業を武士が請け負うことになった。大工、左官、染物、鍛冶、紙すきなどがそうで、武士に対する尊敬をこめて「でっどん（大工）」「くやどん（染物）」「かっどん（鍛冶）」という具合に殿つきで呼ばれていた。

「芋侍」という言葉は鹿児島県民のよく知るところであるが、江戸時代に他藩から薩摩藩を訪れた者には武士が農作業をしている様子は奇異に見えたようで、旅を趣味にしていた備中国（岡山県）の医師古河古松軒の『西遊雑記』（筑波大学所蔵）に、「折ふし脇ざしを帯て農業をせる百姓を見かける事有りし」とあり、彼の目には下級郷士の姿はむしろ百姓とうつったようである。

その多さのゆえに、藩の職制は、城代を筆頭に家老・若年寄・大目付の三役以下、さまざまな役職が設けられ、他藩にくらべてきびしい監察制度を布くことが可能だったといえる。また、武士は城下の城下士と外城の郷士にわけられ、その間にはきびしい身分差があり、後述するように、厳然たる身分差による積年の対立、恨み、妬みが明治維新の西郷隆盛配下の軍部の混乱、西南戦争勃発の大きな要因として作用してくる。

城下士の階層は次のようであった。

城下士の階層としては、幕末には、一門《いちもん》（親族としての待遇を受ける、加治木・重富・垂水・今和泉家）四家、一所持《いっしょもち》（一所すなわち一郷の領主）二一家、一所持格四一家、寄合《よりあい》五四家、寄合並《よりあいなみ》一〇家（以上が大身分《だいしんぶん》と称される上士）、小番《こばん》（他藩の馬廻《うままわり》役）七六〇家、新番二四家、御小姓与（他藩の徒士《かち》）三〇九四家、与力《よりき》（座付士《ざつきし》ともいう）の九家格にわかれ、その下に准士分の足軽があった。（『鹿児島県の歴史』）

西郷隆盛、大久保利通は下から二番目の御小姓与に属した下級武士であった。西南戦争勃発の時に鹿児島にいあわせた外交官のアーネスト・サトウは「二月十日　聞くところによると、西郷と大山を暗殺すべく当地に下った者たちは、江戸の大警視川路某（利良）の内命を受けていたという。川路は昔は『足軽』だったそうである。」「川路の共謀者は内務卿の大久保で、大久保は昔は米倉庫の小役人だったそうである」と日記に書き残している（萩原延壽『西南戦争　遠い崖13

アーネスト・サトウ日記抄』朝日新聞、二〇〇八年）。
外城は一所持の私領と地頭の治める直轄領とがあり、一般には郷士と呼ばれるが私領の武士は家中（家中士）とよばれて、郷士よりも低くみられた。郷士もまた城下士からは〝一日兵児《ひしてべこ》〟と呼ばれ蔑視されていた。直轄領の外城の支配は地頭仮屋で、郷士がおこない、噯《あつかい》・組頭・横目の三役の下にさまざまな役があり、すべて郷士の役職であった。

田中直哉の本家末弘家は、一所持北郷家の家中であり、養子先の田中家もまた北郷家の家中で庄屋であった。また、彼の竹馬の友であり西南戦争勃発阻止にともに行動した柏田盛文の家は北郷家の三役の組頭の身分であった。

一つの外城は地頭仮屋を中心に、郷士集落の麓、農民集落の在、漁師集落の浦、商人集落の野町など、身分ごとに区別されていた。集落はさらに方限、門、家部、家族と組織化され門割制度とよばれている。その仕組みは地域ごとに差はあるが、庄屋、名主といった郷士が配置され、農民の生活に規制を加えていた。郷士による農民集落、漁師集落、商人集落の支配は外城の細部までにおよんでいた。

このような農民生活に対する制限は、享保時代（一七一六〜三五年）にさらに強化され、江戸時代を通じて一貫している。ここではそれらの細かいことを取り上げる余裕はないが、元禄時代に著された「農業法」によると、農作業については前の晩によく考えておくこと、夜仕事は八月より翌年正月半ばまでとして、正月からは田地打ち起こし、春物の下地こしらえ、夏は粟・蕎麦・大根畑の整備などで非常に疲れるし、また年初は日も短いので、夜は早く休むように命じている。

さらに農事を妨げると考えられることについては、いろいろと規制が加えられた。たとえば行商人が農村に立ち入ることは、ことに年貢徴収の時期には、厳しい制限が加えられた。他領の商人は、町奉行の証文がなければ立ち入り厳禁であった。

（松下志朗『鹿児島藩の民衆と生活』南方新社、二〇〇六年）

農民は、女、子どもまで耕作に出ることや、衣食住にわたるまで細かく規制されていた。このような規制は農民から年貢を確実に徴収するためであり、農民の諸負担が幕府領では四公～五公、諸藩で五公～六公であったのに対して、薩摩藩では実質八公二民であった。また、農耕郷士ですら二割程の租税が課せられた。

門割制度のもとで、農民に対する収奪はあらゆる余剰物にわたり、ようやく唐芋で命をつないでいた。抵抗しようにも、外城制度がしかれ、膨大な数の郷士が麓と集落に定住し、農漁民の生活を監視しており、農漁民は一揆をおこせる隙はなかった。鹿児島本土で唯一起きた加世田郷の一揆は、主導者は農村に居住する貧窮の郷士たちの不満が麓郷士に向けられたもので、それに百姓や野町人らが加担させられたものであって、被支者層に端を発する農民一揆とは性質が異なっている。

一揆は徳川幕府が瓦解する一〇年前の幕末期に多く起きている。後述するように、これらの事件は、薩摩や長州の上級武士ではなく、西郷隆盛、大久保利通、木戸孝允、高杉晋作といった下級武士が幕府を倒し維新革命を起こすことに通じ、失敗に終わったとはいえ、武士階級の中での変質を示す象徴的な事件であった。

一方、奄美では、積極的反抗、消極的反抗の一揆、越訴、逃散などが頻繁に起きたが、その原因は島民の極度の貧窮と、本土にくらべて郷士制度が緩やかで、本土から派遣された数少ない島役人では一揆を抑えられないためであったと言える。

二、薩摩の教育

既述の古河古松軒は、天明三（一七八三）年に薩摩・大隅を訪れ、その時の様子を上方や中国地方にくらべて「人物言語賤しく」と記録している。人物、言語ともに賤しいとは、藩政時代の教育はどのような内容でどのように行われていたのであろうか。

江戸幕府が採用した学問は儒学の一学派である朱子学で、幕府の官学とされた。朱子学は、十二世紀の宋の学者、朱熹が説いた新たな儒学思想で、非常に保守的なのが特徴である。日本人は、朱熹が強調したのは自然の秩序と権威への絶対服従だと解釈した。幕府の儒学者は、教義を定めて守らせることが任務だった。福沢諭吉はこの伝統を批判し、『文明論之概略』で「我国の学問は所謂治者の世界の学問にして、恰も政府の一部たるに過ぎず」と書いている。

江戸時代の教育機関として、藩校のほか塾や寺小屋があった。これらは江戸後期に著しく増加し、明治初期までには全国で一万五〇〇〇カ所以上におよんでいる。いっぽう薩摩藩では、藩校はあったものの、塾と寺子屋は　城下、川辺、大島を中心に二〇カ所ほどしかない。その代わり、薩摩藩での武家の子弟には郷中教育が施され、その伝統は戦前まで受け継がれた。

これは一種の地域的集団教育で、男子子弟は少年時代から二十代なかばまで地域集団のなかで教育訓練を施された。郷中教育の内容は、島津日新斎の「いろは歌」、新納忠元の「二才咄格式定目」、山田昌巌の「出水兵児修養掟」が基本であり、それらの要点は儒教、神道、仏教から採られている。封建時代のことであるから当然封建的儒教理念に支配されているが、さらに薩摩藩独特の風紀が色こく、日常の行動の実践規範が主であり、忠孝、長幼の序といった服従の美徳が強調されるあまり、利己的なものであった。

再びアメリカ人宣教師H・B・シュワルツの目から郷中教育をみると次の通りである。

> 鹿児島市内に十一の学舎があり、士族の居住区のある町には必ず学舎がある。士族の息子として生まれた学生は、皆、この集会所へ集まってくる。ここは彼らの勉強の場であり、家にいるときよりずっと強く彼らの関心をひきつける所であった。……
>
> 封建時代には訓練は各地区ごとの首長に任されていたが、その教育方針は、すべてを抑圧して絶対的な服従を強いることであった。学舎によって、その規則に多少の差があっても、その厳格さと質素を旨とする点は同じであった。……
>
> 自分たちの集会所以外の友達をつくることは許されず、他の集会所に属する者は敵とまではいわず、競争相手と考えていた。不法な行いをして規律を破った場合には、最初は穏やかな注意を受ける。しかし、無法行為が続くと、学舎から除名され、完全に社会的追放を受

ける。実際には、この不名誉を受ける者は、まれにしかいない。というのは、追放処分を受ける前に悪いことをした少年の親が恥辱《ちじょく》を拭い去ろうと、本人が、かりにその勇気がなくとも、自殺を強いるのが通例だからである。

少年たちは自分自身で考えることに意欲を失わされ、質問すれば不興気な顔をされるだけで、結局、学舎の方針は勇敢で忠誠心があり、率直で、彼ら自身も認めているように、馬鹿になり切った武士の集団を養成することに最大の努力が払われたのである。しかし、少年の中には馬鹿になりきることを断固として拒否し、自分の考えを持ち、いくら抑えても質問してくる者があれば、全く違う課程をとらせる。彼は受けることのできる最高の教育を受けて、日頃から指導者の出現を切望していた彼の氏族の指導者となったのである。彼らの代表的な者は、西郷〔隆盛〕、森〔有礼〕、大久保〔利通〕、大山〔巌〕、黒木《くろき》〔為楨《ためもと》〕、東郷〔平八郎〕であり、一方では指導者のいうがままにどこへでも行き、そのために命を捨てようとする向こう見ずの勇敢な兵士たちの一団がいたのである。

（『薩摩国滞在記　宣教師の見た明治の日本』）

薩摩の武士団はこの郷中教育の伝統を厳然と守りつづけたが、それはむしろ視野をせばめる作用のあることを、幕末の島津斉彬も藩学造士館の教育にからめて指摘している。

造士館の学風は、程朱の学のみ講習し、我生国の史籍は度外に措き、人に依りては却って我国を賤しめ唐土を尊重し、何も彼かも唐風にせんと謂ふものありと聞及べり、甚だ心得違ひなり。儒学は人道教訓の大本にして、素より之を誹議するにあらず、学問は為政の規範なれば、人情風土に従て、日本は日本に適し、取捨斟酌して施すを為政の眼目とす、故に日本において唐土同様の政をなさんとすれば、人気風土に適せざるもの多し、漢学者の癖、何も彼も唐土と同様にせんと主張し、日本古の明帝賢相の言行等には疎きものもあり、適々知るものありとても、唯物知りにて用をなさず、皇統の一系連綿たる目出度国は日本の外あらざるなり、此の如く芽出度国柄なれば、国人たる者は幾万歳の末迄も皇統の動かざる様祈るべきは勿論なり、依て教の道は夫を目的とし、国学黌を設け、生国の道を辨へ、而して漢洋の学を以て補ひ、本末先後をよく辨ずるの学規を設くべきことゝ思へり、宜しく其辺の事を、古今に照し、諸国学校の体裁を斟酌し、取調べし、(略)

(『島津斉彬言行録』岩波書店、一九九四年)

島津斉彬は、造士館が「程朱の学」(朱子学)のみに偏っており、「漢・洋」の学問を導入すべきことを指示している。

中国では支配者階級は儒教を、被支配者階級は道教を信仰するのが慣習であったが、一般に儒教が理知的なのに対し道教は神仙思想といった呪術的要素を持つ。儒教(儒学)の学派である朱子学は、現実を無視し理想にはしる傾向が強いといってよい。歴史(過去)については「どうであったか」という結果の分析よりも、「どうあるべきであったか」というように結果を白紙化して、当初の理想の方が重視される。そのような歴史観はえてして現実を軽視ないし無視して客観性を軽んじ、情緒的理想的に傾きがちである。

また、レーゾンデートル（存在理由）に固執するあまり、保守、頑固、現状維持的となり、時代の急進展にあうとその弱点があらわになる。島津斉彬の指摘にある通り、「人道教訓の大本」ではあるが「唯物知りて用をなさず」の学問であり、開明的な彼の目には、薩摩藩の最高の教育機関も極めて旧態依然としたものに見えたようである。

武士以外の者はなんら教育を受ける機会はなかった。既述のようにシュワルツは「昔の薩摩では庶民の置かれた立場は救い難いほどひどいものであった。彼らには蓄えも教育もなく、何の権利もない。日本広しといえども、薩摩におけるほど強力な支配階級と、哀れな一般庶民との差がはなはだしい地方はなかったのであ」ったと述べている。

中村明蔵氏によると、農民は武士団の苛斂誅求の対象でしかなかった。

その大部分は郷士として藩内全域に土着するいわば屯田兵であったが、かれらはまた、各在所で農民を直接的に支配する存在でもあった。租税は収穫の八割（八公二民）、公役のごときは「月三十五日」といわれたように、想像を絶する過酷な負担を強いられていたが、これらをともかく可能にしたのは、ほかならぬ郷士制度である。農民の側からいえば、土着の郷士団をとおして絶えず苛斂誅求の対象であることを強制されたのであり、文字どおり「依(由)らしむべし、知らしむべからず」を地でいく無知蒙昧の民であるほかはなかった。要するに、寺子屋教育を享受する「カネ」や「ヒマ」など、そもそもありえなかったというわけである。
（『薩摩　民衆支配の構造』）

本土にくらべて、奄美では一揆の数が多く（犬田布一揆、母間一揆）、起訴・強訴など積極的に反抗の形をとった事件が頻発し、消極的抵抗はふだんに行われ、離散するものも多かった。その原因は「島民の極度の貧窮と、本土のような郷士制度の圧力を欠くところに」あった（『鹿児島県の歴史』）。

薩摩藩本土における民衆支配の実態は、アメリカの黒人奴隷制度よりも過酷な様相がある。黒人奴隷は、他のプランテーションの奴隷たちとの交流は許されており、毎週末に教会に行って礼拝することも許されていた。そのために、白人社会への抵抗であった反乱も頻繁に起きていた。

一方、薩摩藩では仏に祈ることも弾圧の対象とされ、内面の自由さえままならなかった。薩摩藩の農民にとって唯一の安楽は、死んだあとで〝極楽浄土〟に成仏することだけであった。そのため密かに念仏を唱え、ひたすら弥陀の慈悲にすがった。弥陀の前では、だれもが同じ人間であり平等というのが浄土真宗の教義であったからである。

三、薩摩藩における浄土真宗（一向宗）の禁止

田中直哉の鹿児島での功績は、西南戦争阻止運動と宗教解禁運動、西南戦争後に県議会で地元住民の利益実現と県内の自由民権運動に奔走したことである。彼が一心に傾けた情熱は、まさに、島津支配が長年にわたって構築してきた鹿児島独特の風俗・風習への挑戦だったといえる。残念ながら、自由民権運動は藩閥政府の圧力により壊滅の憂き目にあったが、彼の宗教解禁運動は、鹿児島を真宗王国へと変貌させるきっかけとなり、その意味では彼は浄土真宗の門徒にとっては忘れられない恩人である。「昭和三七年の仏教の寺院数にしめる鹿児島県の真宗の寺院数は、八五・三パーセントである。かつての真宗王国であった北陸の新潟、石川県などが七〇パーセントで鹿児島に続く。」（『鹿児島百年（上）幕末編』）

島津氏が一六世紀後半から明治にいたるまで三〇〇年間一貫して浄土真宗を弾圧し続けたが、そもそもその禁止、弾圧した理由は何だったのか。いろいろ言われてきておりはっきりしてはいないが、結局のところ、さまざまな理由が時代の状況に応じて都合よく利用され、庶民を弾圧し

ていたということであろう。ミュージアム知覧の『薩摩のかくれ念仏―弾圧された一向宗―』に、弾圧の主な原因八項目が紹介されている。

1 豊臣秀吉征薩のとき、本願寺門主顕如及び獅子島の門徒が近道を教え、島津氏が怒ったのが原因であるという説。

2 石田三成と結託し、島津に叛逆の心があった伊集院幸侃は、慶長四年島津家久に手打ちにされ、その長子忠真が庄内で叛逆した。幸侃一族が一向宗信者であったので禁制にしたという説。

3 島津忠良（日新）は桂庵禅師の儒仏に帰依して道義の高揚に努めたが、一向宗の僧は党を組み、肉食妻帯して、行正しくない堕落振りで禁止したという説。

4 薩摩藩は古来他国人の入国を制限していたが、僧侶は許されていた。一向宗の僧侶や僧侶に扮した者が入国し、スパイ行為があったので禁じたという説。

5 薩政時代は、上下階級の区別が厳重で、封建政治にとっては、四民平等観に立脚した一向宗の教義は、施政の邪魔になったという説。

6 第一九代藩主光久と、その弟又八郎は同年であったが、又八郎は世継ぎとなれなかった。又八郎の生母は一向宗信者であったが、光久を調伏した。光久はこのため足を患った。そのため一向宗を憎み禁じたという説。

7 南北朝統一に尽力して功績を認められた石屋禅師が、後小松天皇に不精進宗の一向宗を禁制にするよう懇請したという説。

8　本願寺への大量の物資が御布施として集まり、藩の財政を圧迫する恐れがあったとする説。

さらに、「薩摩藩の一向宗禁制の原因は、まず一向宗に対する危機感・嫌悪感が挙げられる。それはもちろん教義から来ているし、加賀の一向一揆を知っていたであろうから当然であろう。そこへ何回も定期的に、島津氏を弾圧へと向かわせるきっかけが与えられた。そうでなければ三〇〇年間も一向宗のみを弾圧した事実を理解することができない」と、弾圧の一番の原因を5と整理している。絶対平等を説く真宗の教義に、封建領主である島津氏が強い危機意識を持っていたであろうことは当然である。

一方、芳即正氏は、1と2も重要な原因として論じている（芳即正『権力に抗った薩摩人―薩摩藩政時代の真宗弾圧とかくれ念仏―』南方新社、二〇〇九年）。

1について、豊臣秀吉の島津征伐のとき「本願寺が秀吉に味方をし、獅子島（現鹿児島県出水郡。長崎県天草諸島に近い）の信者が、秀吉に近道を教えたために、島津氏が不利になり、結局島津氏は秀吉に降伏しなければならなくなった。すなわち島津氏敗北の原因をつくったのは、真宗信者だった、ということから、真宗禁制政策がとられた、というもの」で、真宗禁制の理由としてもっとも多くの人々に信じられていた。

2については、秀吉の島津征伐の時、伊集院幸侃なる人物が「秀吉との和平をたくらんで、島津氏の秀吉への降伏を推進した人物が、島津氏後継者問題のライバルであり、その上に真宗信者であるという、三拍子がそろったとすれば、もうこれだけで真宗禁制法制化の理由になり得る」と述べている。伊集院幸侃は島津氏の支族にあたり当時家老職にあった。島津氏敗北後は人質として上洛させられたが、豊臣秀吉、石田三成に気にいられ、文禄四（一五九五）年に日向都城に八万石の知行を与えられる。そのことがそれぞれ一〇万石ずつ与えられた島津義久、義弘の気にいらず、島津本家に謀反の意を持っているとして、秀吉が死ぬと手打ちにされた。「島津氏に弓をひく真宗信者幸侃」ということで、真宗禁制の理由として説得力をもっていた。

他の藩では、藩の圧制に耐えかねた農民たちが一揆をおこし、特に江戸時代後半には、大地震、津波、伝染病、幕府の経済政策の失敗による物価高などによって、百姓一揆が全国的に頻発した。しかし、薩摩藩では既述のように外城制度のしくみによって、藩内隅々にまで郷士が居住しており、また、郷士が農民たちの村の庄屋にもなっていたために、農民の言動の上にはつねに地方役人でもある郷士の眼が光っており、浄土真宗についても厳しい禁制の網の目が張りめぐらされていた。それでも、農民や下級郷士たちは「講」という名の秘密結社を作り、浄土真宗の信仰を守り通した。

幕末には、廃仏論を唱える復古神道が入り、藩主以下に浸透していった。その後も「藩は徹底的に廃仏毀釈を行ひ、神道のみを以て藩内の信仰を統一せんとし」県内の寺院はことごとく廃止されていった（鹿児島県『鹿児島県史』鹿児島県、昭和一六年）。そのようななか、藩内の国学者は「我が日本は神国なり、敬神崇祖は国体と離るべからず。それ仏法は元来印度伝来の異教なり。

而して現今の如く国家重大の時局に際し、幾多の寺院、藩内に存在し、僧侶は無為徒食して何等益する所なし。此の際寺院を廃し、その寺領を没収して是を軍費に充つるを可とすべし」と言い出した。仏教建築は破壊され、神道の社に改築されねばならなかった。明治二年、川内の新田神社の「高さ二間余の堂々たる仁王木像、対楼門内に安置して在ったが、先づ楼門を取壊し、焼き払い、仁王像のみは、半焼きにして、川内川に投流したが、その後ながく、川岸に潮汐の満干に浮沈して居ったことを記憶する」とある（川内市『鹿児島県川内郷土史』下巻、川内市、昭和三〇年）。

明治新政以来、鹿児島の数々の改革中最も重大な廃仏毀釈の断行は、明治二年藩主島津忠義公夫人暐姫《てるひめ》の死去の際、藩庁が島津家歴代先霊の祭祀がこれまで仏道に依ったものを廃し、すべて神道に改めたことの通達にある。ついに同年十一月、県内の寺院は全廃され、僧侶は還俗して士族出身者は士族に、農民出身者は農民となった。旧寺院の跡は、例えば、川内の泰平寺跡が大小路共同小学校や共同墓地にあてられるなど、学校用地や共同墓地にあてられるか、還俗した元住職の所有となった。これらのことが、鹿児島の士族の仏教への憎悪への勢いを強めることになり、西南戦争前夜の僧侶への攻撃や、戦争中の熊本県や宮崎県での寺院破壊につながっていった。

四、西郷隆盛

明治四（一八七一）年の廃藩置県は、士族集団である全国の諸藩を一方的に解体した集権化政策の一環であり、維新政府から明治国家へと発展させるための契機となった重要な政治事件であった。政府にとっては、集権化政策を具体化するために財政と軍事という基盤の確立が何より先決だった。その一つが、廃藩を可能にした政府軍としての御親兵を構成する「士族」層を解体し、「士族」層以外を含む層によって編成される徴兵制による政府軍の実現であり、「富国強兵」政策の実現に障害となる士族層の家禄の最終的廃止があった。この二つの政策は、西郷が戊辰戦争以後に鹿児島で進めてきた常備軍の編成や、藩主や上級士族を除いた士族層による支配体制とはまったく相反するものであった。征韓論争は、これら二つの政策をめぐっての対立であり、政策推進派である大久保利通、木戸孝允らと、これを阻止しようとする西郷隆盛らとの国家構想をめぐる権力闘争に他ならない。

そもそも李朝朝鮮開国については、一八六六年と一八七一年にフランスとアメリカが試み失敗しており、「いつでも開国させられるが、いまは頑強な抵抗を屈伏させるだけの力を割いている余裕がない、そのために一時的に退却する――それが彼ら欧米列強の情勢判断だった。それぞれ、中国に、日本に、沿海州に、インドに、ベトナムにと、新たに獲得した領地や権益の運営に乗り出したばかりで、そちらへの力を注ぐことが、彼らの当面のアジア戦略だったからである」（呉善花『韓国併合への道』文藝春秋、平成一二年）。先に日本に朝鮮を開国させ、後から朝鮮に入っていっても、商品市場として奪取することは充分可能とみていたのである。アメリカにいたっては、わざわざ日本政府にペリー提督の『日本遠征記』を送り、砲艦外交により朝鮮を開国するよう圧力をかけてくるほどの念の入れようだった。

当時の日本政府は、欧米の外圧のなかで、不平等条約や欧米資本主義の圧迫に苦しみつつ、殖産興業政策による富国強兵政策を推進しようとしていたが、「そういう中でとりうる外交路線は、理論上は、欧米に屈従してそのために生じる矛盾を近隣アジアへの侵略によって埋め合わせる『征韓』路線と、国内変革を徹底させるとともに、アジア諸国と連帯して外圧に対抗する徹底変革路線との二つがあった。しかし明治政府は当初からまったく後者を選ばなかった。下級士族の出身であり、民衆の真の解放を恐れて専制権力をかためていった明治政府の構成者たちにとって、後者の道はすなわちかれらの権力の喪失を意味していたからである。……普通、日本史では、明治六（一八七三）年の政変における西郷・板垣のみを狭義に征韓派とよび、木戸・大久保等を非征韓派とみなしているが、この時の論争点は、国内政治、とりわけ不平士族対策と『征韓』をいつ実行するかをめぐるものであった。大久保らは、国内体制を整備してから『征韓』を実行してこそ成功するというリアルな打算をしていたにすぎず、侵略自体を否定していなかった。それは、すぐにかれらが『征台』『征韓』を実行する事実によって証明される」（梶村秀樹『朝鮮史』講談社、昭和五二年）。

明治六（一八七三）年の政変は、大久保、木戸らが、士族特権の擁護と士族政権の樹立を目指した西郷、板垣らの征韓急進派を放逐し、大久保主導のもとでの官僚専制政権への一歩を踏み出した重大事件であった。以来、大久保は漸次政治権力をその掌中に収め強力な官僚専制政権を樹立していくが、彼にもっとも抵抗した政治勢力の一つが士族層であり、そのなかでも政変後に下野した西郷、板垣を指導者にもつ勢力がもっとも強力であった。前者は、倒幕に貢献した鹿児島の士族団で、政府がもっとも警戒した勢力である。後者は、「民撰議院設立建白書」提出以来、全国的な自由民権運動に結実する勢力となった。「民撰議院設立建白書」の提出を契機に「民撰議院」論争が展開され、多くの西洋思想の紹介、政治新聞の登場がみられ、『評論新聞』の設立も、その紙上での田中直哉の執筆もこれらの流れの上にあった。当初、言論に対して寛大であった政府も、新聞が「民撰議院」論争を通じて政府批判の激しさを増すと、言論取り締まりによってこれを封じようとし、一八七五年に公布された「讒謗律」、「新聞紙条令」および「出版条令」の改正で応戦した。

鹿児島の私学校党は、明治七（一八七四）年六月、下野した西郷が設立したものであるが、その前身は戊辰戦争の凱旋兵を中心に組織された四八大隊からなる常備隊であり、そのうちの三〇〇〇人は上京し御親兵として廃藩置県に臨んでいる。勢力は漸次強大化し、鹿児島を事実上支配し、鹿児島の独自性を主張し、中央政権の改革に反発し、鹿児島はあたかも独立国であるかのように振る舞った。凱旋兵は戊辰戦争の論功行賞として、島津家の門閥制度の打破を求め、島津久光らの守旧派と対立したが、それを破るに充分な勢力があった。『鹿児島県史』によれば、明治二年二月、改革が凱旋兵の全面勝利で達成されると、西郷は、藩制と軍制の改革に着手し、従来島津一家または功臣を封じた私領制を廃止し、それを直轄地として地頭の施政下においた。地頭は、地方行政の長として郷内の政治・軍事を掌握した。常備隊をおき地頭がこれを統率し、またその組織を通じて民政も握った。

西郷と大山県令の県政は「中央の統制の外にあって旧慣を維持し、県令独断専行の事多く、独自の立場を主張して、中央政府の一環の鹿児島県というよりも、むしろ旧鹿児島藩の変形というに相応しい状態であった」(『鹿児島県史』)。西郷の改革は、凱旋兵の生計を確立するためであったが、御親兵やその後の東京への兵の補充は、西郷が鹿児島で成功した軍事体制を国家の場においても実現しようとする計画でもあったと推察される。

板垣退助監修の『自由党史』によると、征韓論者の主唱者の一人である西郷とともに下野した板垣が西郷に、これから民撰議院の設立を目指すべきではないかと語ると、西郷は「予は言論を以て、この目的を達し得べしとは信ぜず。如かず、自ら政府を取りて、然る後にこの未曽有の盛事を行わん」と答えたという。「昭和三十二(一九五七)年九月二十四日、作家海音寺潮五郎氏は、『西郷南洲を物語る』という講演会に於いて、この『如かず、自ら政府を取りて』という西郷の決心が、クーデターによる政権奪取にあったのだろう」と推定した(芳即正・松永明敏『権力に抗った薩摩人②』南方新社、二〇一〇年)。

もともと征韓論を真っ先に主張したのは、長州の木戸孝允、大村益次郎らであったが、明治六年の征韓論での対決は、むしろこのような鹿児島の動きに脅威を覚えた木戸・大久保らによる西郷封じまたは排除として仕組まれた政権争奪の場であった。

五、西南戦争前夜の田中直哉

田中直哉は、東京に出て江川太郎左衛門の塾で砲術を学んだのち、明治四年、廃藩置県に臨んで西郷隆盛が鹿児島の常備隊を率いて編成した御親兵の補充兵の一人となっている。御親兵は城下士と郷士の混成部隊であり、当然、郷士出身者は城下士から辛酸を嘗めさせられ、ついに郷士は直訴という手段に出た。御親兵の将校、参謀クラスは城下士族で占められているため、直接陸軍卿の山県有朋に建白書を出すことにした。谷山出身の平田宗質が首謀者となり、川内の柏田盛文、田中直哉、加世田の大山綱介らが名前を連ねたが、事前に計画がもれてしまい、主謀者の平田は免職処分となり鹿児島に帰されてしまった。明治十年、平田宗質が川路利良の密偵団の一人として帰郷したとき、彼は民権論者中江兆民の門下生であり、柏田盛文は明治七年慶応義塾に入社し、密偵団と行動を共にする直前に慶応義塾を辞めている。平田宗質が免職になったと聞いて、諸郷出身の兵隊の多くが辞めて帰郷した（『鹿児島百年（中）明治編』）。

田中直哉もまた平田宗質の一件で御親兵を辞めたものと思われ、同年の明治四年九月八日に慶応義塾に入社している（『慶応義塾入社帳　第一巻』福沢研究センター、昭和六一年）。入社保証人は福沢諭吉となっているが、当時は身元が確かであれば福沢自身や塾の教員が保証人となった例はよく見られたという。慶応義塾勤惰表という当時の成績表によると、明治四年十一月に、「文典」のクラスの最後尾に名前がみられ、翌月以降には名前が見られないので、すぐ辞めてしまったようである（福沢研究センター）。ただ、入社の際の名前が「田中太良助」、成績表では「田中太郎助」となってもおり、入社については疑問が残るが、慶応義塾大学の小川原正道氏は、出身地・身分・年齢が一致するため、これが直哉ではないかとみなしている。また、この時機に在籍した田中姓の人物は他に見られないことからも、また『評論新聞』の記事に見られる自由民権思想やアメリカ合衆国憲法の影響を見ても、郷土史誌などの記録に残るように、田中直哉の慶応義塾入社はあったのであり、福沢諭吉に直接薫陶を受けたとみなしてよい。

その後、明治七年八月まで、田中直哉の足跡はつかめない。令孫、故田中義久氏の所有する履歴書によると、明治七年八月二九日から明治八年七月一四日まで警視庁巡査、警部補として勤務している。警視庁の前身は西郷隆盛が廃藩置県断行のために引率した御親兵であった。平田宗質や田中直哉の山県有朋への建白書のことで既述のように、御親兵内部での城下士と郷士との仲は悪く、ことごとく反目しあっていた。このことに悩んだ西郷隆盛は東京府庁に邏卒（ポリス）三〇〇〇人を配属する機会を捉えて御親兵の郷士を送り込み、城下士と郷士を分離した。これを統率する邏卒総長に西郷の推挙する郷士出身の川路利良が任命された。「当時の警視庁は諸郷の出身者ばかりで、まるで別天地だった」と密偵団の一人安楽兼道は書いている（『鹿児島百年（中）明治編』）。明治七年、東京警視庁が設置され川路が初代長官の大警視に任命され、同時に前年に新設された内務省へと管轄替えとなり、川路は西郷の派閥から脱して、内務卿大久保利通の配下となる。しかし、郷士が警視庁というとりでを築いたことは城下士との対立を深めることになり、西南戦争の遠因ともなった。

法制史学者尾佐竹猛が編集した『明治文化全集』によると、警視庁が設置されたときの官制（警視庁職制並び事務章程）には、「国事警察の事についてはは正院の指令を受くることあるべし」とあり、正院（内閣）の直轄となっており、「国事犯を隠密に探索警防する事」が重要な職務となっている（河野弘善『西南戦争探偵秘話』図書出版、一九八九年）。したがって、川路利良の派遣した密偵団の行為は、西郷暗殺を命じたかどうかの問題は別にして、のちに言われる裏切りではなく、規定に基づく適法な行政行為だったことになる。

田中直哉は明治八年七月に警視庁勤務を依願退職し、同年一〇月から『評論新聞』に入社し、翌年二月までほとんど毎回記事を書いている。『評論新聞』は、明治六年の政変に際して鹿児島出身の海老原穆が、明治八年二月に創設した政府攻撃の最右翼の政府評論雑誌である。海老原は桐野利秋や篠原国幹と郷里の親友で、各地に「探訪者」を派遣しては情報を集め、その一部を社説に掲載し、あるいは別にまとめて桐野らに報知していたという。挙兵当時の私学校では『評論新聞』以外の閲覧は禁止されていた（小川原正道『西南戦争』中公新書、二〇〇七年）。社説では、江華島事件勃発を受けて、朝鮮問題と民権論を二大争点にしていた。田中自身は、内乱勃発への危惧と言論抑圧への批判を一貫して展開しており、特に、私学校党の暴発を懸念している。当時、国家の前途を憂慮するあまりに、大久保利通独裁の中央集権政府を非難する民間の論客やジャーナリズム、政治団体に対して賛意を表す雰囲気が全国的に広がっていた。

明治九年一月発行の『評論新聞』第六七号に掲載した「日本帝国に二党ありて両立せざるの論」

は田中直哉執筆の記事であり、当時の政府と私学校との関係を描いている。

明治六年の秋に当り、内閣に征韓論の紛議興り、陸軍大将西郷隆盛公は其職を辞して鹿児島に帰られたり。其後朝廷よりしばしば之を召せども応ぜず。而して其望を公に属する者は、概ね官をやめて閑地に在り。是を以て世の有志者は、西郷公の挙動に注目して、天下の安危をトし、此の頃廟堂の間に於て、鹿児島を処置するの議論を唱えるものありしと云う。

田中直哉曰く、世を以て今日の天下を見るに、二の大党派をなすものの如し。曰く政府党、曰く鹿児島党是なり。此党派の角立するや、後来果して何等の状態をなすに至るべきや。両党の相軋る、其勢、必ず両ながら全き能わず、政府党の力を以て鹿児島党を圧服するに非ざれば、鹿児島党は必ず政府党を倒して、自ら天下の権を掌握するに至らむ。是れ勢の見やすきものにして、少しく心を時世に用ゆるものの、あまねく知る所なり。

始め、西郷大将の官を棄てて国に帰るにあってや、世人皆おもえらく、公は一時大臣と其意見を異にするにより、其己をまげて人に従うを慚じ、自ら跡を山林にくらまされしなるべし。固より望を吾が政府に絶つに非るなり。大臣心を虚にし、以て之を聘顧せしむれば、いずくんぞ再び山林を出でざるものあらんやと。然るに、政府のしばしば公を召すも、公は之に応ぜざるにを見て、世人或は疑を公の身の上に容れ、其廟堂大臣と並び立たざるを所見ならんかを想像するに至れり。去年、板垣公が、大久保、木戸、伊藤諸君と浪華に会合して、ともに協議する所あり。再び出て参議となられし時に当り、鹿児島の状実に通識する一士人、拍手大笑して曰く、板垣は当局者と連合して事を成さんとするか。吾れ目をこすって、其阻敗を見るあらむと、すでにして果して然り。此一事に於ても、また鹿児島党が持論あるべき所を見るべきなり。今や全国の間に於て、其政府と方向を異にし、社を結び、党を立て、或は封建を唱い、或は民権を主張し、陰然、政府に抵抗するもの幾千百万人なるを知らず。然れども其力弱くして、其勢微なるを以て、常に鹿児島党に連結して其事を為さんとす。曰く鹿児島の模様は如何。曰く、西郷の近状は如何と。其持論全然相背違すといえども、其政府に勢力に抵抗する能わずるにより、自ら西郷公に依頼するの心情なき能わず。故に、今日天下の政府に満たざるものは、自ら結合して鹿児島党とならざるを得ざるの形勢を現出せり、而して鹿児島の豪傑は、今の政府に立ち、今の官吏と事をともにするを欲せざるものの如し。吾が政府に於て、一世を蕩清せんと欲すれば、果して何等の処置を用んとするや。故に予は、此の両党決して天下の間に両立すべからざるを知るなり。

私学校党と政府党と雙々相対峙して、其方嚮、相反対背馳し両立すべからざること此の如きものあり。

「国家の治安幸福を図り我帝国の特立不羈を失わす我国威を東洋に赫々たらしむることあらん

ことを是れ吾輩の志願」（『評論新聞』第三四号、明治八年一一月）とする田中直哉は、鹿児島での私学校党の動きに同意していたわけではなく、むしろ政府を無視した不穏不遜な動きに対して疑念と内乱勃発の危惧をあらわにする。

鹿児島県の景状を論するの投書（第六四号　明治九年一月）

投　書　芳　町　寓

木藤　馨

方今の急務は民撰議院を立るにあるか。曰く否。自由発論を許すにあるか。曰く否。条約を改正するにあるか。曰く否。朝鮮を征するにあるか。曰く否。然らばすなわち方今の急務は果たして何くに在るか。曰く内地各県をして差異なく偏私なく断然政府の権威に服従せしむるにあるのみ。

吾輩、鹿児島県の景況を伝聞するごとに胸中一層の疑団を生ぜずんばあらず。それ廃藩置県以来、ここに五年該県は依然として旧様を変更せず。試に看よ。士族の禄制はかつて変革なし。士民は依て太陰暦を用い、県吏は長官より等外に至るまでかつて他県の人をいれず。さきに該県の士、西郷氏の職を辞するや、命を待たずして去れり。近衛兵は再三の勅諭を顧みずして解散したり。近来該県下に於て設くる賞典学校なる者は、陸軍の規則を待たず純然たる兵団の如し。私学校なる者は文部の規則に従わず宛然たる国事会議所なり。かつ該県の士族は各自銃器弾薬を私蔵して之を官に納めずと云う。凡そ此の数件は決して他県の無き所にして、該県に於ては傲然として顧みず、均しく日本政府の管轄を受くる地方にして、彼れ独り此の如きは何ぞや。蓋し士人の驚強にして政権も之に及ぶ能わざるか。何ぞ其特権を専有するの甚しきや。是れ世人の大に疑い、かつ怪む所なり。

明治八（一八七五）年、地租改正事業が始まると、大山県令は西郷と協議のうえ私学校党の有力者を多数区長・副区長に任用し、戸長・学校長なども多く私学校徒の中から選んだ。県下区長の半数以上が私学校徒によって占められ、そのほとんどが元軍人からなり、加治木区長の別府晋介、菱刈区長村田三介がともに陸軍少佐、他大半は陸海軍の大尉・中尉といった将校出身であった。さらに、警部・巡査も多く私学校徒より採用され、県下の警察網も完全に私学校党が掌握し、県政のあらゆる分野にわたって私学校党の勢力が浸透し、事実上の支配者であった（『鹿児島県史』）。

大山県令のもっとも極端な中央政府への抵抗は、「金禄公債証書発行条令」が明治九（一八七六）年八月五日に公布され、第三次秩禄処分が実施の段階に入ったときである。大山県令は大蔵省や内務省と談判し強行に抵抗したが、政府としても鹿児島士族のみを特別扱いすることは許されない。結局は、熊本、秋月、萩と打ち続く叛乱に悩まされていた大久保政府は、やむを得ず鹿児島士族については、特に十年間分の金額の公債で、しかも一割の高利率のものの交付を認めた。金額も利率も全国平均の倍に近い不公平きわまるものだった。しかし、この公布の正式通達が半月遅れてしまい、その前に大山県令の要求が拒否されたことが鹿児島に伝わると、全県の士族は刀槍銃砲を携えて鹿児島城下に結集した。

かねてより内務省や警視庁は鹿児島に密偵を派遣していたが、熊本、宮崎、大分などの隣県もまた警察官の密偵を放っており、その探偵報告書や聞き取り書などの文書が公表され、それらを河野弘善氏が『西南戦争探偵秘話』でまとめている。その中に、明治九年一二月一六日、人吉警察署四等警部山崎精一が熊本県令宛に提出した鹿児島県下の情況探偵報告書（事変雑書類……熊本博物館蔵・熊本県資料集成（13）『西南役と熊本』）がある。山崎警部の報告書の要点は次のようである。

一、同県士族、家禄の儀につき歎願の筋これあり、さきに大山県令上京致し居る処、右願意を御聴き届けこれなき時は出京の上歎願するなど種々議論を生じ候折柄、各県下暴動の事あり、万一波及も計り難きにつき、警備のため兵器を用意すると唱え銃器・刀剣等買求め、或は修復する輩これあり。

然る処、県庁を屠り、羈旅の官吏を殺し、熊本鎮台の兵器を奪い上京するなど、暴説頻にして人情騒然、余程切迫の形勢に候処、県令に随行の属官今藤某並びに三浦なる者客月二十九日帰県致し、家禄の儀は政府に於て既に御聴き届け相成るべき御内決にて、近日御指令これあり候筈につき、その旨を以て相諭し候処、漸く人心落ち着き候につき、即今の形状にては先ず不測の変動はこれある間敷、その上不日県令帰庁相成り候えば、いよいよ人気鎮静に立ち至るべき見込なれども、万一家禄の儀御採用これなき時は如何なる大事変の出来も計り難きよし。

又、私学校連は、もとより家禄の事は決して言わずとの論なりしが、如何の訳か、この頃俄に生徒を増員し、壮年輩はこれまで出校せざる者も皆入校し、同校中にも紛々議論これあり、久しく平穏無事に倦みたるを以て、この勢いに乗じ事を挙げんなど暴論を唱え、西郷・桐野等へ差し迫る輩もこれありと雖も、両氏の抑圧に動ぜざるよし。

報告書によると、鹿児島士族に騒擾の気配があるのは、秩禄処分について優遇を受けんがための威嚇的運動であり、今藤一等属らが帰県して家禄優遇措置の内定を報告すると鎮静してしまったのだから、示威運動とみなされ得る。

西郷、桐野等の私学校党の首領連は、さすがに秩禄処分の優遇問題のような鹿児島士族の利己主義に基づく示威運動は受入れられないことは当然と憂慮し、「私学校連は、もとより家禄の事は決して言わず」と固く戒めている。

私学校党の中心にいたのは主に鹿児島城下の下級士族であった。自作地を持つ郷士とは異なり、代々にわたって家禄に依存してきた武士たちであった。それは他県の士族にしても同じながら、熊本神風連の決起の理由は、廃刀令への武士の誇りからの抵抗が理由であった。

鹿児島の場合は多くの士族が東京で職を得ており、西郷の征韓論も全国の士族の一時的な就職活動がねらいであった。秩禄処分が段階的に進められるにしたがい、鹿児島在郷の城下士は大久保をはじめとする在京士族への妬みが憎悪へと増長していったものと推察される。そうだとすれば、「私学校連は、もとより家禄の事は決して言わず」について虚心に検討を試みなければ、歴史的事実は解明されないのではないだろうか。

六、大久保・川路密偵団

大久保が私学校党の徹底的弾圧を決意したのは、私学校党の圧力によって秩禄処分の特別優遇を余儀なくされた明治九年の一一月中旬頃であろう。熊本神風連、福岡秋月党、萩の前原派と相次ぐ不平士族の叛乱の対策に追われ、そこに最強の私学校党が決起したら新政府の崩壊、国家の転覆になりかねないと危惧された。「木戸を先頭とする長州派の猛抗議、全国士族の大反感を覚悟の上で優遇措置を実地し、薩摩士族を懐柔した裏には、強圧力の根元の私学校党を全士族から孤立させた上で内部撹乱により壊滅させせようという狙いがあった」(『西南戦争探偵秘話』)。

そこで、大久保の意図に基づき、東京警視庁大警視川路利良が、私学校工作を実施した。川路大警視は、注意深く人選を行い、警視庁組一六人、学生四人、そして田中直哉の二一人によって密偵団を結成する。

密偵団の全氏名と出身郷、後の官職名を( )で記すと、警視庁組は、園田長照(大口:茨城、福岡県知事)、菅井誠美(谷山:栃木、愛媛県知事)、末弘直方(平佐:岩手、高知県知事)、安楽兼道（喜入：警視総監）、高崎親章（市来：京都、大阪府知事）、野間口兼一（出水）、山崎基明（高岡）、土持高（加世田）、樋脇盛苗（城下：岩手県警部長）、伊丹親恒（加治木）、西彦四郎（加世田）、前田素志（加治木）、高橋為清（帖佐）、松下兼清（蒲生）、中原尚雄（伊集院：福岡県警部長）、唯一鹿児島を脱出し拷問を免れた松山信吾である。学生は、大山綱介（加世田：イタリア駐在特命全権大使）、猪鹿倉保（加世田：福岡県書記官）、平田宗質（谷山）、柏田盛文（平佐：新潟、千葉県知事、文部次官）、そして元評論新聞記者の田中直哉である。

首領格は、川路大警視の信頼をもっとも得ていた平田宗質。既述の御親兵内での城下士と郷士の差別を山県有朋に建白しようとし、主謀者として免職された平田宗質だった。彼らは、川路大警視から三五項からなる内命を受けており、それは城下士と郷士の離間をはかり、城下士を孤立させ、暴発を未然に防ごうというものであった。

二月三日から七日までの間に、田中直哉らの密偵団の他に、大洲鉄然を含む西本願寺の布教僧八人を含む約七〇人が政府密偵と見なされ捕縛された。

田中直哉が奔走した鹿児島での浄土真宗解禁は民衆の教化のためでもあり、宮崎と鹿児島の合併を契機に実現されたが、信教の自由による民衆の教化は大久保利通や西郷隆盛にとっても期待するところであった。

既に述べたように、薩摩藩では下級武士や庶民に教育の機会は皆無と言えた。廃仏毀釈後に寺院は全廃され、民衆の周りには神社があるのみで、それは「村々には必ず神官がいて、葬式を司ったり、国民祝祭日には定まった儀式をとり行う。しかし、彼らは説教一つするわけではなく、信者を増やそうと努力もしない」(『薩摩国滞在記　宣教師の見た明治の日本』)というもので、民衆教化に何ら果たすところはなかった。

もともと薩摩には多くの信者が潜んでいたこともあり、解禁後は浄土真宗の布教は民衆の間で急速に進んでいった。しかし、私学校徒らの反発はいぜん強かった。

明治九年九月五日、鹿児島県参事田畑常秋の名で「各宗旨の儀自今人民各自の信仰に任せ候条此段布達候事」と一片の布達が出た。しかし、この一片は、ただならぬ一片であった(開教百年史編纂委員会『本願寺鹿児島開教百年史』同朋舎、昭和六二年)。西本願寺派権中教大洲鉄然は、大山県令の承諾を受けてすぐに行動に移り、明治九年一一月二八日に鹿児島に入り布教を開始した。

大洲鉄然は周防国の住職の子で、僧侶ながら長州征伐の際に、騎兵隊を組織して高杉晋作を助け、僧侶や神官からなる護国団を編成して幕府軍と戦った経歴のある傑僧である。当然、木戸孝允、山県有朋、伊藤博文らとは親交のある間柄であった。維新後は本山の改革に腕を揮《ふる》った。しかし、このことが災いして、鹿児島入り直後から私学校党により木戸や山県の密偵であるとか西郷暗殺の使命をおびているとか疑惑をかけられていた。もとより警視庁の密偵団とは直接の関わりはなかったのであるが、捕縛され過酷な拷問を受けたのだった。

捕縛された僧侶の一人は政府軍に解放されたのち、郷里の長崎に帰り、長崎県庁に上申書を提出させられているが、私学校徒による拷問の過酷さは、田中直哉が西郷隆盛暗殺の嫌疑で裁判を受ける際に提出した始末書の内容と変わりない。

始末書の原文は候文の長文であるが、田中直哉自身にまつわる西南戦争の本人による状況描写でもあるので、これを口語体への訳を試み、引用する。

始末書
東京第四大区三少区小石川水道町
　五二番地有島武方寄留
鹿児島県下第二九大区一小区一五六
　番地平佐郷士族
　　　田中　直哉
　　　　当年二三年一〇カ月

私は、このたび鹿児島県下で私学校徒に捕らえられ投獄され、その後私学校徒は熊本県下に乱入し、御征討の勅命が下され、勅使柳原公が鹿児島に御下りになられ政府軍のおかげで危険を脱することができました。現在、臨時裁判所への呼び出しがあり、詳細な始末書を提出するようにとのことですので、ここに提出いたします。

一　私は明治九年五月東京を出発し鹿児島県に帰り、当県の情景をつぶさに視察してみると、特に変わった様子はなかったが、ただ私学校徒が跋扈しており、聞くところによれば加治木での私学校徒の横暴振りは他の郷と比べようもないひどいものであった。その甚だしさに至っては、百姓の持高をことごとく割り直し、戸口を計って割りつけ、その余り高を当該の郷の共有高だと唱えている。百姓たちは彼らの理不尽な処置に大いに憤慨し、その筋に嘆願する者などもあったが、私学校徒の中にはこれを聞きつけると農民を散々になぐりつけ、打擲された農民たちは入院して治療するものもあり、或いは寝込んで苦痛辛酸に悩むものもあるという。私学校徒の暴行たるや頭巾で顔を覆い、棒を持って行うもので、それはもう凶暴な賊の行為と変わらないものである。さらに聞くところによると、どこそこの郷では私学校徒のために戸長を免職になったとか、また別な郷では郷の共有金を使って銃器を買い入れているとか、さらに共有地をことごとく占有して私学校徒がほしいままに耕作しているとか、種々紛々私学校徒の横暴な所業は枚挙にいとまがないほどである。

二、三の友人と、この余波は自分たちの郷にも波及し、郷用金が使いこまれ教育上の将来の目的が失われ、人々が困難に陥るのもそう遠いことではないと考えた。そこで、隣郷が合併して区中の代民区会を開き、また壮年輩を教育して方向を定め、さらに区会を開いて私学校徒の暴挙を抑える策を施すことにしようと相談した。

私たちは、大区及び隣区受け持ちの区長に迫り（区長は皆私学校徒である）隣郷の正副戸長、学校教師が集まり、合併論の可否を評議しようと申し出たところ、区長たちはやむをえずという様子で、集会の令を出したところ、集会は二回にもわたり、田中はさまざまに弁論を費やし区会開設の利害を論じたが会の一致をみなかった。田中は、区会も県令の命により開設するよりほかないと再度区長に迫ったが、表向きには拒む様子を見せないが、心中は区会を開くと郷中の士族を私学校に入れるのに妨げになるということなのか、承諾してくれなかった。そこで田中は県令の宅を訪問しこのことを懇請したが、県令の考えも区長らと似たようなものであった。ここに至って、このことは区長・県令に委ね、彼らが自発的に着手するのでなければ不可能なことと思い、この隣郷合併運動の件は休止することにした（これも私学校の横暴であり、それぞれの郷の発展を妨げ、教育上の進歩を邪魔しようという予防策なのであろう）。

一　区会の件は進展を見そうにないので、これからは宗教の道によって人智を啓き、権利義務の在るところを知ってもらうしかないと思い、大山県令に建白した。建白書の大意は、旧来当県では浄土真宗は厳禁であったが、県政も今日にいたっては全国他県と同じ制度に帰すべきものであるから、信教の自由を束縛するようなことがあってはならないというものであった。しかし返事は、維新以後県政の制度になってからも、県庁から真宗信教を許すことには支障がある、なぜなら旧知事（島津のこと）に対し申し訳ないなどとの告諭文であった。田中は、その一つひとつに反駁して改めて建白書を大山県令に差し出した。幸いに信教自由の時運も相まって、宗旨は各自の信教に任す、との布達が県下に出た。田中は二、三の有志と京都に上り、本願寺に説教僧の派遣を請願したところ、本願寺でも早速布教に着手すべきとのことであったから鹿児島に帰ってきた。

田中が説教所を郷里の平佐郷に設立したいと県庁に願い出たところいっこうにはかどらず、数度催促したにもかかわらず許可は出なかった。これも私学校徒（第四課がむずかしいのは、四課は警察で全員が私学校徒であるからである）と県庁との仕業と考え、自分たちの力では及ばないと悟り、大いに憤慨しながらも、もう一度上京しようと決意した。

一　明治九年一一月下旬、警視庁に警部補として勤務する従兄の広瀬昌栄と、良い機会だということで、同伴して上京、一二月上旬東京に到着した。私が鹿児島を出発する頃までは、鹿児島や他の郷では私学校の勢力は盛んであったけれども、私の郷里では私学校に入校している者は一人もいなかった。ところが、同郷から上京して来た者の話を聞くと、平佐の郷でもすでに私学校に入校しようとする者がいる様子で、現に私が郷里を出発する前にも焔硝《えんしょう》などを晒したり、銃器の手入れをしていたことでもあったので、それは容易ならない事態だと、書生の柏田盛文、かねての親友猪ヶ倉兼文らと行き来して、いろいろ憂慮しながら話をしていると、実兄の末弘直方たちが帰省するとの話だった。私たちはかねてから親しく交際している竹馬の友であり、今日のような事態に至っては、一つには郷里での普段の付き合いのよしみもあり、一つには国家存亡に関することを傍観している時ではない（私にとっては合併及び区会等のことや真宗開教の件もあって、都合がつけばかねてからの希望を達成したいということもあって）、したがって一緒に鹿児島に帰り、郷里の者たちの説を聞き、こちらの考えも述べて、なるべく事態の暴発を防ぐ予防策をお互いに考えようと言い含め、帰県することにした。

一　明治九年一二月、東京に着いてから人々の話を聞くと、当時鹿児島私学校徒の横暴ぶりは言葉では言い尽くせないほど甚だしいものであるという。私学校の連中は隊伍を組んで射撃練習に打ち込み、入校してくる者は日々その数を増し、これは決して無事に鎮まるような状況ではない。現に、私学校の連中が言うには、一二月何日には陣を整えて東京に向かって出発するとか、あるいは家財を尽くして戦の装備をしているとか、政府を倒して奸吏を追放するとか、あるいは政府は九州一円を抵当にして外債を集めており、まさにこの政府を倒さなければどの政府を倒すのか、日本政府はロシアにどれだけの港を貸し与え、どれだけの台場を以てするのか等など、様々に怪しい説が飛びかっている。また、西郷は陸軍大将であるから、大将の名目で兵を引率すれば鎮台は決して抵抗するものではない、さらに西郷自らが言うことに、自分が兵を率いて出れば一騎も失うことはない、など紛々たる諸説は枚挙にいとまがないほどである。

そういうわけで、私どもが思うに、これほどの事態であれば、郷里の親族や友人たちのなかにもすでに私学校に入校しているものもいるであろうし、もしそうならばなすべき方法もない。しかし、入校しているとしても、まだそう多くはないであろう。現に、十一月下旬には一人も入校していなかったのであるから、いっときも早く鹿児島に帰り、私たちのいつわりのない信念を隠さず述べて、大義を説き名分を唱えて、自分たちの考えに同調してくれるものがあれば、事態の沈静化をはかる助けともなり、この上もなく幸せなことである。

現在、目的があって上京している者は一緒に帰郷すべきである。郷費を使って郷里の書生を東京に遊学させ、しだいに教育を盛り上げていきたいと思う。外城の者たちは城下士によって奴隷のように使われている。事あるごとに城下士に侮辱されている。もういいかげんにして欲しい。城下士の下に居て城下士のご機嫌をうかがっているようでは、いつになったら郷士が城下士と対等になって自立自主の精神を発揮し、国民としての義務をわきまえるようになるのだろうか。

もし、私の親戚朋友の中に一歩を誤り、政府に対して戦をしかけるようならば、普段の付き合いのなじみは再びもどることなく、この戦では親が子を打ち、弟が兄を切り殺すことにもなり、いずれも道徳観がすたれ、戦場では兄弟が遭遇せずにはいられない、その時どうしてよいのか予想もつかない。

すぐに鹿児島に帰り、親戚朋友をまわって説得するよりほかに良い方法はない。守るべき本分を失ってはならないこと、国憲を犯してはならないことを諭し、また日頃城下士に侮辱されている所を説いて、しだいに気を静めさせ、親戚朋友を白刃で斬りあい雨のように飛びかう弾丸のなかで遭遇する相手とすることなく、上は国家の治安を保ち、下は人間の倫理を乱さず友人とのよしみを全うし、それによって郷里の方向を定めるよう熱心に説いた。皆故郷や古い友人を思う気持ちが強く現れ、連絡を取りあい話し合っているうちに、鹿児島に帰ろうというものが数十人におよんだ。

その頃私は病気にかかっており、鹿児島に帰る者たちは、浅草下谷《したや》の川路利良邸で会おうということだったけれども、何分にも病中のことで出かけずいたところ、安楽兼道が使いに来たとやってきてくれ、出席した。その時の会議はことのほかこれといったものではなく、ただ、鹿児島に帰るうえは、親戚にあった際、朋友と話し合う時にはなるべく正直に、もっぱら平穏にし、激しくならないように尽力し、ひたすら自分たちの哀情をわかってもらい、何としても戦端を開かないようにとの趣意だった。もし、いったん鹿児島が暴発するようなことになれば、尋常の事ではなく日本の独立の危機にも関わることであろう。何分にもすぐに鹿児島に帰り、郷里や親友と互いに親しむ気持ちをもって、名分もなく義もない暴挙にくみしないように尽力したいとのことであった。私はこの席に出ただけであり他には談合などしてはいない。ただただ、親戚朋友が遠方にあり、天下の事情にも通達せず、みだりに私学校徒に同意し追随するのではないかと憂慮いたしておりました。

一　明治九年一二月二八日東京を発って、横浜で玄海丸に乗り込み、神戸に到着。明治一〇年一月一日宝丸に乗りつけ、馬関、鞆津等で潮の折り合いを見ながら長崎に行き、大和船で郷里の川内川に到着し帰宅したのは同年一月一〇日であった。帰ってから親友や親族の話を聞くと、誰それはすでに私学校に入り、入校した者の数はだいたい八〇人余りであるという。戸長は毎日のように銃器を買い入れてめいめいに渡し、弾丸の準備もだいたい整っているとのこと。

私に関して、先般こちらに帰ってきたが、世間での評判は一方ならず、殺さずに上京させてしまったのは残念だったなど、様々な説を両親どもも聞き及んでおり、憂慮の様子で申し聞かすには、先般の真宗開教事件のことどもは私学校徒に一層険悪感を抱かせるもとになっているとの次第であった。強い思いで運動した隣郷合併と区会、真宗開教着手などのことはとうてい実行されている状況ではないばかりか、当県から上京した者から承ったよりは事態は一層はなはだ悪く、私は自分の住居にも居るにも居られぬ状況であった。

しかし、幸いにも壮年輩で花房・三輪などと申す者がまだ入校していないので、私たちの信念を明かすと彼らも大いに力を得たようであった。この上は大義をしっかり守り動揺しないとまで言っていた。他にも親類の者で入校しようという者も入校しない者もいた。

一　三輪・花房両人に戸長らと時々話し合いを持たせ、暴発を防ごうとよくよく相談している折、戸長等（私学校徒）はすでに軍用金の用意をしていた（これは郷の共有金など、町中に割り当てた金などである）。また、八升壱合の米を前借りして県庁から七〇〇円くらい請け取ったなどと聞いた。風評に、どこそこの郷の話には、出兵の日限が今日、明日とも知れず、私学校徒は皆その用意の最中である（もっとも、外城からは旧城下に報知役と申す者を遣わしている）と聞き及んでいる。

二月四日、兄の末弘直方を同道し伯父広瀬宅に参る途中、二、三日前、旧城下で私学校徒などが弾丸を掠奪した様子などの話をした。広瀬宅で談話中、一〇人余りの連中が二尺足らずの棒を持ち、何の徽章もなく脚絆とわらじを着けた者どもが踏み込んできて、上意というよりも早くしゃにむに殴りかかってきて、何のわけでこのようなことをするのか、しばらく待てと言ってもなかなか聞き入れてもらえず、打ち込んでくる一人の棒を取って動けないようにしていると、傍らから足首を打たれた。兄の末弘を見ると、顔から出血し畳二、三枚が血に染まっている。ここではとても道理は通用しないと思い、捕縛された方がいい、と言ったところ、即後ろ手に縛られ、隈之城の分屯に引き立てられ、それから竹輿に載せられ旧城下に送られた。それは二月四日の夕方で、庁下広小路第一屯所に着いたのは同五日の朝六時頃だった。

一　二月五日午後、糾弾所に引き出され、私学校の人員が脇に群がり傍聴している。鞭打ち拷問するものと見え、三、四人が尻の方へまわり三尺ばかりの棒を杖ついて立っている。姓名はよく分からないが、中山甚五兵衛とかいう者が私に問うには、お前らが帰県したのはどのような趣意か、細かく白状しろという。私たちが帰ってきたのは他でもない、私学校徒が日に日に増加し、この頃は我が郷の者どもも入校しようという模様であると聞き、とりあえず帰ってきたのである。私の親戚朋友の者へは入校の意図をたずねたうえで、私たちの意見も述べ、お互いに今こそ身を処する方向を研究いたしたいと帰ってきたのである。そう答えると、私学校は誰が立てたものと思うかと言うので、西郷の意向から出たものと察していると言うと、西郷の立てた私学校に入校する者がなぜ悪いと思うのかと言いながら、打て、と命じ、右の尻脇にいた者どもが棒で打つこと数えきれないほどなので、しばらく待ちたまえ、と言い、私たちの意は善いとか悪いとか言うのではない、聞くところによると、私学校に入ると死生を約束させられ旅行も禁じられるという。それに、今日にいたっては、不穏の挙動があるため、もし私の親戚朋友が趣意をわきまえることなく無闇に入校し万が一にも方向を誤ってしまったら、ふだんの交友に対し友人間の情義を欠いてしまうことになるばかりか、国家の危安にも少なからず関わり、何とか平穏に戦にならないようにと一心に行っていることである。もちろん戦となってしまえば、私たちもどのみち方向を決めざるを得ず、いずれに決しても日本同胞、兄弟上の戦となり、互いに涙をまき散らして戦わざるを得ない。まして、私の親戚朋友が敵味方となるようなことがあっては実に不憫この上ない次第である。一つには、方向取り決めのためにも帰県し、友人間で方向を研究したいのである。なるべくなら私学校へ入校しなくても、国家危急の時は軍に従軍し護国の義務を尽くしたいのであると答えると、その方は何かほかに謀るところがあって、我々が鹿児島で事を挙げるときは必ず横やりを入れるつもりに違いない。その時は誰を目的にして殺すつもりか、それを言えという。西郷大将を殺す所存であろうとしきりに拷問し、二、三人でうちたたくこと尋常ではない。もとより、西郷を殺すなど夢にも見ないことなので、西郷は天下に有効の人である、そのような有効な人を殺すなど夢にも考えたことなどない、私たちには横矢はさて置き戦の無いように熱望したことであって、西郷暗殺などとの疑いは無用である。疑うにもたいてい程度というものがあるものである。天下に西郷を殺すような人がいるはずがない。これは余りにも無理な糾問であると反論したところ、さらに打擲はひどくなった。わめき散らしながら打ってくるけれども、初めから申している通りに決してこのようなことは無いといえば、傍らから人が出てきて私を糾問するものに耳打ちし、それはもう止めろと言っているようであったが、それから拷問をやめて「下がれー」と言った。

一　二月五日の夕暮れまたまた呼び出して言うには、何か謀るところがあるだろう、それを言えと、打ち転ばしたり、所々を鞭打ちし、無理に訊問させられたが、初めから答えている通り、私たちの帰県の趣意はすでに言い尽くしている。何も外に申し上げることは無い、ただただ戦端が開かれると涙の戦になるので黙止できないので帰県したのである。この上はどのように訊問しても白状させてやるといい、ひたすら打擲の痛みに耐えていると、追い追い取り調べるので「下がれー」と言った。これが二度目の拷問である。

一　このような次第で口供などを綴り読み聞かせることもなく、すぐに新地というところの囚獄所に入れられ、二、三日たってから、私たち一七人を呼び出す（疵のために動けない者もいる）。めいめい一人ずつ呼ばれ、県庁内第四課の調所に引きつれられ、この時県庁内に私学校徒が群集しており、呼び出された処の傍らに数十人ずつ帯刀し長棒を持っている。

私は半ば頃に呼び出され、私たちより先に呼び出された者がしきりに逆らっていると見え、大声で叱りつけたり、多人数で取り掛かり何かしているようであった。何かとんでもない口書を綴っているのかと考えていると、すぐに私の呼び出し順番がまわってきて、調所にまわっていくと、その方どもの申し立てた口書を読み聞かすから謹んで聞け、もっとも多人数のことなので内容の違うところもありうることなので、そのように心得よと言って一読した(かの偽口供書である)。あまりにも早口で読みきかされたので詳しくは分からなかったが、海陸軍を引き入れとか、西郷暗殺とか聞こえてきたので実に驚き入るばかりで、もとより心にも思い浮かばない事なので、すぐに申し立てようとしたがそれより早く無理に拇印を命ぜられ、私の手を取って後ろで拇印をした。私は縛られているので自由に屈伸はできず、申し立てたが聞き入れられなかった。自分で拇印を押したのではなく、彼らが無理に拇印を押したと言えるものである。すぐに引き下げられ、他日裁きがあるときでもあれば上告するか、冤罪であると訴えるかしようと思い、牢の中にあってもこの事に思いが及ぶことはなかった。

しかるに三月一〇日、勅使柳原公が鹿児島に御下行なされ、官軍に引き取られ再び天日を拝するかたじけなさを得た。おおよそこのような顛末でございました、以上。

鹿児島県士族

明治一〇年四月　　田中直哉　　拇印

三月一〇日早朝、遠くで行軍ラッパが聞こえてきて、官軍の救出隊であることを知らずに、一同いよいよこれから引き出されて斬られるのだろうという時に、獄内の片隅から「君が代を思ふ心の一すぢに、吾が身ありとは思はざりけり」と声高らかに朗詠の声が聞こえてきた。それは田中直哉であった。続いて中原尚雄以下数人は次々に立って、最後の詩を吟じた、という(『鹿児島県川内郷土史』下巻)。

七、民権運動と田中直哉の死

福沢諭吉は、西郷の動きを「日本国民抵抗精神の支柱」とたたえ、西南戦争での敗北によって日本国民抵抗の精神は挫折した、とした。しかし、武力による抵抗の敗北の教訓から、言論抵抗が全国的に表出した。明治一三年四月、土佐の植木枝盛らの国会期成同盟は「国会を開設する允可を上願する書」を提出し、国会開設の運動が全国各地に広まる。

鹿児島県でも、明治一三年、柏田盛文ら郷士によって「国会期成同盟会」が結成され（『鹿児島県史』）、他に、私学校党生き残りの城下士一派が私学校時代からの資金五万円をあてて結成した「三州社」と、遅れてこれらに対抗する在京の「郷友会」が鹿児島に進出してきた。

田中直哉は、明治一三年八月に「一百余郷を連衡せん」と諸郷連合を結成し、翌年には自治社と称し、社員三〇〇〇人を数えた（『鹿児島新聞』明治一五年四月二〇日付社説）。翌年三月に、第二回県議会選挙で薩摩郡から柏田盛文とともに当選し、以後連続四回当選し、明治一四年四月から明治一八年二月までの間、六カ月を除いて常置委員を務めている（『鹿児島県議会史』鹿児島県議会、昭和四六年）。

鹿児島朝日新聞が、大正四年の「県会総まくり」を行った中に、鹿児島県出身者で伊予松山にいる人が、明治二〇年前後の県会を回顧した一文がある。当時の県会が、各郡の有力者によって構成されていたことを述べたうえで、「就中、常置委員などと云えば、粋を抜きたるものにて、容色弁論共に堂々たるもの有之、其顔触が柏田盛文君を筆頭に、好漢田中直哉・長谷場純孝・奥田直之助・西彦四郎・大脇宗八郎・水間良兼・折田兼至なんど、何れ劣らぬ傑士の面々、想えば常に活気溌溂たるもの揃いしよ」と田中直哉の好漢ぶりがうかがえる（芳即正・松永明敏『権力に抗った薩摩人②』南方新社、二〇一〇年）。

自治社は、明治一五年四月には農事社、公友社と合同して「九州改進党鹿児島支部」となり、田中直哉と柏田盛文は本部議員となっている。

三州社と九州改進党はなわ張り争いに明け暮れるが、それは、御親兵の中で城下士と郷士が争い、城下士の軍部と郷士からなる警視庁が対立し、また私学校党内に城下士と郷士の軋轢があったのと同じ様相を呈した。

しかし、今回は、西南戦争後の秩禄処分と地租改正により、地方に土地をもつ郷士から構成された九州改進党鹿児島支部は三州社と対等に運動を展開した。

明治二〇年代、他県の県会議員は平民出身が圧倒的に多かったのとはうらはらに、鹿児島県議会の多くは地方郷士で占められていた。それは秩禄処分後も土地があり地主として存在を維持し得たからである。維新後から太平洋戦争までの八〇年間は、郷士＝地主という物質的基礎があったために、〝士族ならでは夜の明けぬ国〟の観があり、郷士＝地主＝役人・議員・教員・警官・軍人・医者の型ができた（『鹿児島県の歴史』）。芳即正氏も指摘するように「城下士族の三州社に対し、各郷士族の九州改進党という対立の構図があった」（『権力に抗った薩摩人②』）。

郷士族九州改進党と城下士族三州社の間に、遅れて在京県人からなる「郷友会」が進出した。郷友会は、鹿児島県の授産、教育事業を後援するために組織された一種の県人会であるとしながらも、その趣意書を見ると、官僚安全主義（自衛）と先輩崇拝主義（藩閥擁護）が狙いであった（『鹿児島百年（中）明治編』）。

郷友会は、私学校党生き残りの城下士が占める三州社を危険視し切り崩しにかかり、三州社に関係する県庁職員を片っ端から免職にした。西南戦争後の疲弊も癒えない当時でもあり、三州社の会員は職を得るためにやむなく郷友会に吸収されていった。

警視総監樺山資紀を本部長とする郷友会は、民権運動を展開する田中直哉らの九州改進党も警戒し、党員を次々と吸収していった。

ここで、明治維新後の鹿児島の士族を概観すると、地元鹿児島での城下士と郷士の近世以来の対立と、在京の城下士と郷士の対立がある。さらに鹿児島を支配しようとする在京士族の構造が浮かんでくる。

そんな頑昧な構造の外に農民は常に置かれ、それは第二次世界大戦の敗戦後のアメリカを始めとする占領軍による農地改革まで、士族は農民に寄生し続けたのだった。その起源は島津軍団、渋谷氏といった関東武士団の薩摩侵入・支配にあったことは既述の通りである。

明治一八年五月、九州改進党は解党に追い込まれ、翌月の六月五日、田中直哉は川内川で入水自殺を遂げる。彼は、このころ郷里で静養しており、夜中に包丁を探してまわりを斬り付けたり、布団に火をつけてそれに見入っている状態で、いつ何をしてもおかしくない状態だったという。夢を打ち砕かれ多大なストレスを抱えていたことによる統合失調症の発症と見られる。

小川原正道氏は、「戦争、逮捕、再起というプロセスのなかで信仰や自治、民権の『夢』を追い続けてきた田中の精神は、政府による民心の回収や九州改進党の消滅という現実の前に破綻し、死は、その結果として到来したものではなかったか。……その透明な性質は、現実政治の汚濁と交わることを許さず、破綻した」と、田中直哉の死を分析している(『近代日本の戦争と宗教』)。同氏はまた、『文芸春秋』平成三〇年二月号において、「田中は鹿児島士族でありながら西郷の決起に反対した一人であり、しかし、その行動により捕縛され、戦争勃発の引き金を引いてしまった。歴史の皮肉が凝縮されたような人物だ」ったと、鋭く総括している。

しかし、歴史の皮肉は、幕末・明治維新という大変革の真っただなかに身を投じ、非業の最期を遂げた西郷や大久保にも言い得ることではないだろうか。

では、田中直哉と、西郷隆盛、大久保利通との違いは何であろう。それは、田中の唱える自由、平等という天賦の人権や阿弥陀信仰と、民衆との間で彼が果たした「とりなし」的な生き様である。「とりなし」は人間愛とか慈愛とかといった人間の中に自然に発露するものに根差しており、時代の推移に左右されることのない普遍的なものである。それは、大久保のように世界の時流に乗ろうとか、西郷のように時流に逆らおうとしながら、権威を盾に争いを肯定したりするようなものと異なり、いかなる民にも犠牲を強いることを前提にはしてはいない行為である。

おわりに

田中直哉の墓は旧平佐城跡に隣接する小高い丘の墓地にある。田中家の墓はきれいに掃き清められ、直哉の墓前には生花がひっそりと供えられている。その墓の傍らに、田中直哉の死後ちょうど一年後の明治一九年六月に顕彰碑が建てられた。一三〇年余りの風雨にさらされてきた文字は今となっては判読がきびしいが、おびただしい発起人欄の冒頭には彼とともに西南戦争前夜に帰郷し、私学校党の暴発を阻止しようとして捕縛され拷問された同志一三人の名前が刻まれている。

建立当時、ほとんどが官僚として出世街道の途上にあった彼らが、碑文を刻むにあたり、田中直哉を通して、自らにまた後世に語り、問うたものは、田中直哉の一途に「節義」に殉じる透明な生き様であった。碑文は次のように直哉を語る。

天高徳碑

世之論士者毎重才智而軽節義古今之通弊也夫節義本也才智末也士而忘失本末軽重則世齎何以維焉人心何以正焉而天下常多才智之士而少節義之士何也蓋才智之士釣奇竊名逞其機巧以求利達於一時節義之士持立独行高其操守而不肯苟合当世以是各偏而不容遂以至陥穽相待邦家之患莫大於此然則為士之道在節義才智之間自非穹行之士其何能焉末弘直哉君実其人也君為処温良清介嶷然有大志常以利国沢民為己任而節義自持好論古今成敗政治得失世道汚隆人心荒廃其状磊落其言凱切多事聞焉故世人嘱望者日益加不幸罹疾而没実明治十又八年六月初五日也年纔三十弐聞君之訃者知与不知畏不哀悼抑以君之才无瑕之率則其所為必更有可観者雖然如於我県宗教之禁於川内合郷之議丁丑之騒乱於藤田組之疑獄而在県会有壇場之声誉皆是以概見君之生平君之没知友相醵建碑以期不朽嗚呼後人弔君歔欷而不可禁者才智之士耶抑亦節義之士所書以卜世道之人心云爾

(世の論士は、つねに才智を重んじて節義を軽んずるは、古今の通弊なり。それ節義は本なり。才智は末なり。士而して本末軽重を忘失す。すなわち世何を以て維を齎《もたら》し、人心何《いか》を以て正さん。天下常に才智の士多くして、節義の士少なきは何也っ。けだし才智の士は奇を釣り名を竊《ぬす》み、その機巧を逞《たくま》しくして、以て利を求めて一時を達す。節義の士は持立独行して、その操を高くして守りて苟合《こうごう》するを肯《がえ》んぜず。当世これを以て各々偏にして容れず。遂に以て陥穽に至り、邦家の患いここに莫大なるを相待つ。然れば則ち士の道たるは節義に在り。才智の間には自ずから穹行の士非ず。それ何ぞ能《よ》し、末弘直哉君実にその人なり。君の為すところ温良清介、嶷然《ぎぜん》として大志有り。常に利国沢民を以て己の任と為し、節義自ら持して、論を好み、古今成敗、政治得失、世道汚隆、人心興廃。その状磊落《らいらく》、その言剴切《がいせつ》、多事を聞く。故に世人嘱望する者は日々益々加ふ。不幸にして疾に罹りて没す。実に明治一八年六月初五日なり。年纔かに三二。君の訃を聞く者知ると知らざると与《とも》に畏みて哀悼せざるなし。そもそも以て君の才无瑕《むか》の卒、則ちその為す所必ずさらに観るべく有るは然る如くと雖然《いえど》も、我が県宗教の禁に於いて、川内合郷の議に於いて、丁丑の騒乱、藤田組の疑獄に於いて、県会に在りては壇場の声誉有り、皆これを以て君の生を概見せんか。君の没を知り友相醵《あいきょ》して、碑を建て、以て不朽を期す。嗚呼後人君の歔欷《きょき》を弔い、而して禁ずべからずは才智の士ならん耶。そもそもまた節義の士書する所を以て世道の人心をトす、云爾。）

小笠原正道氏による大意（『文芸春秋』）を拝借引用する。

世の論士は、才知を重んじて節義を軽んじる通弊がある。才知の士は奇をてらい名を惜しみ機巧をたくましくして利を求めるが、節義の士は独立して操を高くし、妥協するを許さない。士の道たるは節義にあり。直哉は実にその人である。僅か三十二歳で世を去ったが、それを知ると哀悼しないものはなかった。真宗解禁、川内合郷、西南戦争、藤田組贋札事件など、県会でさかんに声を上げた。皆は彼の生涯を概観し、不朽を期す。

田中直哉が尽力し、地元住民のもとにもどった寺山は今も巍然として市民を見守り、彼が身を投げた川内川もまたそのよどみない流れを止めることなく市民をうるおしている。そのもたらす恩恵は、ふたつながらに永遠に変わることはない。

田中直哉（末弘直哉）年譜

嘉永六年　六月二一日
　平佐村平佐において、末弘直温・ツル（平佐村二三番地）の次男として生誕。
　（長男末弘直方、三男龍岡信熊）
七歳で島津藩校造士館へ。平佐領主北郷久信の命により鹿児島の北郷邸から通う。
田中新右衛門　妻美於（平佐村一七八番地）家養子となり、上京のための資金を出してもらう。
　後、養子先田中家の娘志女（シメ）と結婚。
東京に出て江川太郎左衛門の塾で砲術を学ぶ。
明治四年　西郷隆盛（西郷に引きつられて鹿児島から御親兵三〇〇〇人が上京したのが明治四年
　四月）の御親兵内での城下士による郷士への差別に対する待遇改善を求める建白書を陸軍卿
　の山県有朋に、谷山の平田宗質、川内の柏田盛文、加世田の大山綱介らとともに提出しよう
　としたが発覚。

明治四年　九月～一一月　慶応義塾において文典（洋学）を学ぶ。

明治七年　八月二九日　警視庁四等巡査。

同　　一〇月　一日　警視庁二等巡査。

同　　一一月二〇日　警視庁一等巡査。

明治八年　二月一五日　警視庁警部補。

同　　七月一四日　依願免本官。

明治八年一〇月～九年　七月

『評論新聞』主筆として殆んど毎回政府攻撃の評論を書く。政府攻撃は痛烈で、新聞紙条例や讒謗律により「禁固一カ月・罰金二〇円」の判決を受けて収監（九年三月一二日～四月一〇日）される。

その後、帰郷すると鹿児島は私学校党が跋扈し緊迫した情勢にあった。そこで郷の合併を行って「代民区会」を開き、これによって壮士を教育して方向を定め、私学校党の暴勢を抑えようと考え、地元の第二九大区長、大山綱良県令、西郷隆盛と交渉したが、受け入れられる余地はなかった。

そこで、「是より宗教の道にて人々の智識を開き権利義務の在る所を知らしめ度と思込み」真宗の鹿児島での布教を主張。上京し大久保利通に談判後、京都の本願寺に働きかけた。

本願寺で布教への好感触を得て鹿児島に戻り、「仮説教所を我郷に設立せんことを県庁に願出」たが、私学校党らの抵抗で「一向に捗ら」ない。再び上京すると、「私郷の儀も既に私学校へ入校せんとする模様」を知って、「傍観致すべき時機無之」として鹿児島へ向かった。それは「県地に下り彼等の説を聞き我見込を伸べ可成事暴発に不出様相防度考へ」のためであった。

明治一〇年　一月一〇日　川内着。

同　二月　四日　同行していた中原尚雄、菅井誠美、安楽兼道、寺原長輝、高崎親章などとともに私学校党に捕縛され拷問を受ける。二日後の二月六日大洲鉄然ら浄土真宗の僧侶らも逮捕される。

同　三月一〇日　政府軍により解放され東京に送還される。四月始末書提出。西郷暗殺計画に関する裁判にかけられる。

同　九月　八日　長男彦誕生。

同　一二月　無罪放免。

明治一一年　三月一八日　任一〇等警視属。
同　　六月二七日〜明治一二年　七月二三日　任警部試補琉球藩在勤。
明治一三年　八月　諸郷連合結成。「二百余郷を連衡せんと」し組織した。
明治一四年　三月　第二回県議会選挙で薩摩郷から柏田盛文とともに当選。以後連続四回当選。
明治一四年四月〜一六年一月と一六年八月〜一八年二月の間常置委員を務める。この間、柏田盛文とともに、官有化の危機にあった地元平佐の山林を地元住民の共有地とすべく奔走し、明治一五年八月にこれを実現。
明治一四年　自治社結成に関わる。自治精神の発起と天賦の権利の保全を主義とし、すべては総会・幹次官の決によって運営するという民権派組織。
明治一五年　四月　九州改進党鹿児島支部を結成。柏田盛文らとともに本部議員。
私学校党残党による「三州社」、警視総監樺山資紀を本部長とする「郷友会」と争う。
明治一七年　八月二日　長男彦、前戸主直哉離縁により家督相続。それ以前に直哉は末弘姓に戻る。
明治一八年　二月　県議会四回目当選。
同　　五月　九州改進党解党。

同　　六月　五日　川内川に入水自殺。三二歳。

藤田組贋札事件の汚職を井上馨が握りつぶしたことに対する抗議の自殺とも言われる。

郵便はがき

料金受取人払郵便

鹿児島東局
承認
725

差出有効期間
2020年3月
19日まで
切手を貼らずに
お出し下さい

892-8790
168

鹿児島市下田町二九二—一

図書出版
南方新社 行

ふりがな 氏　名		年齢　歳 男・女
住　所	郵便番号　－	
Eメール		
職業又は 学校名		電話（自宅・職場） （　）
購入書店名 （所在地）		購入日　月　日

書名　（　　　　　　　　　　　　　　）愛読者カード

本書についてのご感想をおきかせください。また、今後の企画についてのご意見もおきかせください。

本書購入の動機（○で囲んでください）

A　新聞・雑誌で　（紙・誌名　　　　　　　　　　）

B　書店で　C　人にすすめられて　D　ダイレクトメールで

E　その他　（　　　　　　　　　　　　　　　　）

購読されている新聞，雑誌名

新聞　（　　　　　　　　）　雑誌　（　　　　　　　　）

直接購読申込欄

本状でご注文くださいますと、郵便振替用紙と注文書籍をお送りします。内容確認の後、代金を振り込んでください。（送料は無料）

書名		冊
書名		冊
書名		冊
書名		冊

東京警視庁密偵団。野村綱は大久保利通が派遣した。県外脱出し難を逃れた松山信吾は入っていない。

後列

加治木	前田素志
喜入	安樂兼道
高岡	山崎基明
○城下	野村綱
平佐	末弘直方
谷山	平田宗質
大口	寺原長輝
加世田	猪鹿倉兼文
出水	野間口兼一
加當	土持高
城下	樋脇謙介

前列

伊集院	中原尚雄
平佐	田中直哉
帖佐	高橋為清
加世田	大山綱助
平佐	柏田盛文
谷山	菅井誠美
加治木	伊丹親恒
市来	高崎親章
蒲生	松下兼清
加世田	西彦四郎

○野村綱氏は同志者と関係なきも單獨に捕縛せられたる人にて三月十日出獄帰京の上一同と共に撮影す、

■著者紹介

尾曲　巧（おまがり　たくみ）
1956年生まれ。上智大学文学部英文学科卒業。米国留学を経て同大学院文学研究科博士前期課程修了。鹿児島大学大学院人文社会科学研究科博士後期課程修了。博士（学術）。鹿児島純心女子大学国際人間学部教授。専門アメリカ史。

＊本稿は、「田中直哉―大西郷に抗った薩摩川内市平佐の民権論者」『新薩摩学9　知られざる近代の諸相』（南方新社、2013）に、大幅に加筆修正したものである。

南方ブックレット6
西郷に抗った鹿児島士族
―薩摩川内平佐の民権論者、田中直哉―

二〇一八年五月二十日　第一刷発行

著　者　尾曲　巧
発行者　向原祥隆
発行所　株式会社南方新社
〒八九二―〇八七三
鹿児島市下田町二九二―一
電話〇九九―二四八―五四五五
振替口座〇二〇七〇―三―二七九二九

印刷製本　株式会社イースト朝日
定価はカバーに印刷しています
乱丁・落丁はお取替えします
ISBN978-4-86124-381-3 C0021